THÉATRE DES FOLIES-DRAMATIQUES.

BLONDETTE

DRAME RUSTIQUE, MÊLÉ DE CHANT, EN TROIS ACTES

De MM. Marc LEPREVOST et Charles DELORME

LES AIRS LANGUEDOCIENS DE M. ORAY.

Représenté pour la première fois, à Paris, sur le théâtre des Folies-Dramatiques, le 19 juillet 1851.

PRIX : 60 CENTIMES.

Paris
BECK, LIBRAIRE
RUE DES GRANDS-AUGUSTINS, 20
TRESSE, successeur de J.-N. Barba, Palais-National.
1851

BLONDETTE

DRAME RUSTIQUE, MÊLÉ DE CHANT, EN TROIS ACTES

De MM. Marc LEPREVOST et Charles DELORME

LES AIRS LANGUEDOCIENS DE M. ORAY

Représenté pour la première fois, à Paris, sur le théâtre des FOLIES-DRAMATIQUES, le 19 Juillet 1851.

PERSONNAGES.	ACTEURS.
PIERRE, jeune berger	MM. Boisselot (Paul).
NOEL PROUVÈZE, paysan riche	Coutard.
LE PÈRE CASTERAS, fermier, père de Blondette	Boisselot (Charles).
LA MÈRE CASTERAS, mère de Blondette	Mlle Sophie.
BLONDETTE	Mmes Bonnard-Saudre.
UNE VIEILLE GLANEUSE	Bergeon.
UN MÉDECIN	MM. France.
UN MOISSONNEUR	Lemonnier.
UNE MOISSONNEUSE	Mlle Alexandrine.

La scène se passe à Aigues-Vives, aux environs de Nîmes.

La mise en scène est prise à la droite du spectateur. Le premier acteur inscrit tient la gauche. Les changements de mise en scène sont indiqués par des renvois au bas des pages.

ACTE PREMIER.

Le théâtre représente un site agreste du Languedoc ; à gauche, un tertre ombragé par un énorme figuier ; à droite, saillie de rochers ; au fond, un champ de blé en herbe seulement. Ciel ardent, sol jonché de fleurs, à l'extrême fond dominant le champ de blé une colline praticable et formant route d'une coulisse à l'autre.

SCÈNE PREMIÈRE.

BLONDETTE, *seule, en costume de paysanne languedocienne : capeline, mante blanche, corsage rouge, jupon à raies bleues, etc.; elle entre par la gauche et fait entendre le cri des bergers languedociens lorsqu'ils appellent leurs chiens.* Ber! ber!. C'est ça, mon fils! c'est ça, Rustaud, réunis mes moutons... mais ne les mords pas... tu abîmerais leur belle toison... Je suis là, entends-tu... je ne m'éloigne pas... (*Un aboiement joyeux lui répond.*) Oui... mon chien, oui, fais bonne garde... (*Elle descend en scène et regarde autour d'elle.*) Seule encore... Pierre n'est pas venu... la demie de dix heures vient de sonner pourtant... moi qui croyais être en retard... Méchant Pierre! pourquoi tardes-tu... c'est la première fois que ta petite amie, ta Blondette... te précède au lieu ordinaire de notre réunion.... S'il était malade.... Oh! consultons bien vite notre oracle... (*Cueillant des fleurs au pied du tertre.*) Venez, petites fleurs... venez, gentilles marguerites... me rassurer sur le sort de mon compagnon d'enfance... hélas! le pourrez-vous... et si vous m'apprenez qu'il ne lui est rien arrivé... ça sera-t'i pas en me disant qu'il m'oublie. (*Elle s'assied au pied du figuier et effeuille les marguerites.*)

Air : *La Marguerite* (*Val d'Andorre.*)

Doux oracle,
Sans obstacle
Ici comble mon désir,
Fais réponse
Et m'annonce } *bis.*
Si Pierre enfin va venir.
Merci toi qui me dis que Pierre
A sa Blondette pense encor,
Et que son amitié sincère
Durera jusques à la mort.
Fleur charmante
Qui m'enchante,

1851

Eh quoi, tu sais déjà,
Tu fais trêve,
Vite achève, } *bis.*
Dis-moi si Pierre viendra.

(*Noël paraît au fond à gauche, et s'avance à pas de loup derrière Blondette qui ne l'aperçoit pas, il s'appuie au figuier.*)

SCÈNE II.

BLONDETTE, NOEL PROUVÈZE.

BLONDETTE, *effeuillant une autre marguerite.*

Même air.

Grâces à toi mon âme espère,
Tu dis qu'il n'est pas loin de moi ;
Si tu m'avais dit le coutraire
En toi je n'aurais plus eu foi !
Ton présage,
Je le gage,
Avant peu s'accomplira ;
Qu'il s'empresse
Qu'il paraisse
E me dise, me voilà.
Qu'il s'empresse
Qu'il paraisse
Mon doux ami.

NOEL, *se montrant.*

Le voilà !..

BLONDETTE, *joyeuse.* Ah !... (*Puis le reconnaissant, s'arrête et baissant les yeux.*) Noël Prouvèze (1) !..

NOEL. Eh ! oui-dà... T'attendions queuqu'zun, Blondinette... et ce qu'euqu'zun-là c'étiont moi... ça me faisont bien plaisir tout de même quoique je n' m'y attendions guère...

BLONDETTE. Mais, Noël, vous vous trompez..... je n'attendions personne.

NOEL. Comme si j' t'avions pas entendue causer avec ces petites fleurettes... elles t'annonciont la venue de c'ti-là que tu souhaitions... et c'est moi que j'arrivions... par ainsi c'étiont moi qu' t'attendions, c'est clair, ça... elles ne mentiont jamais les marguerites...

BLONDETTE, *désappointée.* Oh ! que si fait..... (*Elle jette loin d'elle les quelques marguerites qu'elle tenait encore.*) Elles ont menti... c'est mal à elles et je ne les consulterai plus...

NOEL. Bah ! bah !.. tu fais celle qui renie devant le monde ce qu'elle pensiont tout bas... à cause tant de pruderie et de l'antipouage... car quand j' disons qu' je n' m'attendions point à ce que tu pensions à moi, je n' disions point la vraie vérité, da...

BLONDETTE. A cause?..

NOEL. A cause que d'puis queuqu' temps je m' rendons souvent chez ton père à seule fin d' lui d'mander des nouvelles de sa santé, qu' j'apportons à ta mère des bouquets les plus beaux que j' pouvons cueillir dans mon champ.... et qu' tu n'étions point sans te douter que ces politesses et ces fleurs-là étiont plutôt à ton intention qu'à la leur...

BLONDETTE. Et dans quel but?..

NOEL. Bédame... pour les bien disposer à m' dire oui, le jour où j' leux y demanderons ta main.....

BLONDETTE. Ma main... mais je ne veux pas me marier moi...

NOEL. Connu !.. toutes les jeunesses chantiont la même antienne... jusqu'à c' qui s' présente sérieusement un drille beau garçon, ben cossu.... qui leux offriont le mariage... et dame ! j'étions, je crois, tout ça à moi tout seul... Quant à c' qu'étiont d'être beau garçon... tu serais la première à qui que ça n'aurait pas sauté aux yeux... et pour cossu .. j'ons ma farme de Latour-Levesque... mon oustaw de Nismes et mon mazet d'Aigues-Vives qu'étiont tout prochain du p'tit bien de ton père...

BLONDETTE. Encore une fois, Noël, vous vous trompez. . je ne pense ni à vous, ni au mariage, ainsi...

NOEL. Tu dis ça... à cause que personnellement je n' t'ons point fait encore un doigt de cour... mais j'allons commencer drès tout de suite... une course de *biows* (*bœufs*) aviont lieu aujourd'hui, ici même à Aigues-Vives... j'allons me mettre parmi les concurrents... j' tâcherons d'attraper la cocarde que le taureau a entre les cornes, et en te l'offrant, j' te d'manderons au père Casteras, qui, ben sûr, ne manquera pas de me dire oui...

BLONDETTE. Vous... courir le taureau... vous, prendre la cocarde... un poltron...

NOEL. Moi poltron !..

Air : *Les Anguilles.*

C'étiont vrai que jusqu'à c't' époque
J'avons pas prouvé ma valeur,
C'étiont vrai qu'un rien m'interloque,
C'étiont vrai qu'un rien m' faisiont peur ;
Mais je m' rapportons à c't' adage
Qui dit qu' l'amour rend valeureux,
A c' compt'-là j'aurons du courage
Car j' somm's joliment amoureux.

Queuqu' t'en disions?

BLONDETTE. Rien... si ce n'est que le taureau conservera longtemps sa cocarde s'il n'y a que vous qui la lui enlevez (1). (*A part.*) Mon Dieu ! je suis tout inquiète.

NOEL. Tu me mets au défi...

BLONDETTE. Moi, pas du tout... (*A part.*) Bien sûr quelque malheur lui sera arrivé..

1 Noël, Blondette.

1 Blondette, Noël.

NOEL. Je l'acceptons, et jarni... *(Aboiements du côté opposé à celui où l'on a déjà entendu japper un chien.)*

BLONDETTE. Ah! le voilà...

NOEL. Qui ça?.. Je ne vois rien si ce n'est un chien qu'accouriont... *(Un chien noir entre en scène et vient caresser Blondette qui se baisse et le flatte. Ce chien a une fleur à son collier* (1).

BLONDETTE. Bonjour, César... bonjour... enfin te voilà...

NOEL. Quoi! c'est un chien que t'attendions .. et j'avions cru que c'étiont moi... le fait est que pour la fidélité.

BLONDETTE, *au chien.* Qu'as-tu donc à ton collier... une fleur semblable à celles du bouquet qu'il m'offre chaque jour.

NOEL. Un chien t'offre des fleurs...

BLONDETTE, *prenant la fleur et la mettant à son corsage.* Merci, mon bon César, merci. Mais pourquoi arrives-tu seul?.. ton maître où est-il donc?..

NOEL. Ah! y avont un maître...

BLONDETTE. Il va venir, n'est-ce pas?.. *(Ramassant les marguerites qu'elle a jetées à l'arrivée de Noël.)* Pardon, chères petites... pardon, vous disiez vrai...

NOEL. Quéqu' c'est donc que c'ti-là?.. mais j' le reconnaissons c' vilain chien... c'étiont celui de Pierre... le gas trouvé... l'enfant de personne.

BLONDETTE. Monsieur Noël, ce n'est pas bien ce que vous dites là...

NOEL. Merci... j' allions m' gêner peut-être.. pour c'ti-là qui m' coupons l'herbe sous le pied... jarni! j'étions vexé. *(Frappant le chien de la baguette qu'il tient.)* Tiens, v'là pour toi, méchante bête. *(Le chien se réfugie près de Blondette, qui est allée se rasseoir sur le tertre* (2).

BLONDETTE. Oh! que vous êtes mauvais, monsieur Noël... Battre un pauvre animal qui ne vous fait rien...

NOEL. Je le croyons ben qu'il n' me fesons rien... j'allons r'commencer et s'il menace je lui donnerons une danse qui... *(Il se rapproche et menace de nouveau César.)*

BLONDETTE, *prenant la tête du chien dans ses bras.* Vous êtes le plus fort, Noël, mais je le défendrai et à moins que moi-même vous ne me maltraitiez...

NOEL. Toi je n' te toucherons pas, mais li...

SCÈNE III.

LES MÊMES, PIERRE, *costume de berger* (3).

PIERRE. Est-il possible... un gas qui menaciont Blondette. *(Il s'élance vers Noël, l'empoigne par la ceinture et le lance à quelques pas de là.)*

NOEL. Bondiou!..

BLONDETTE. Tu te trompes, Pierre... ce n'est pas moi à qui Noël en vouliont...

PIERRE. A qui donc?..

BLONDETTE. A ton chien...

PIERRE. Oh! alors... tu n'avais que faire de le défendre... Tu sais, Blondette, que César t'obéissont comme à moi-même, et sur un signe il l'étranglerait net... tiens, fais-en un pour voir.

NOEL. Oh! eh!.. pas de farces... dis donc, toi... Ah çà, Pierre, malgré ta petite taille t'étiont donc fort...

PIERRE. J' sais pas.

NOEL. Tu m'avions enlevé comme une plume, que je n' m'avons point senti quitter terre...

PIERRE. Dame! j' croyons Blondette en danger et pour elle, vois-tu, j' vaincrions les athlètes des arènes de Nismes...

NOEL. Suffit, j' voyons qu'au vis-à-vis l'un de l'autre vous n' manquez point d'affection dà.... Elle qu'épluchiont des marguerites pour toi.... toi qui lui envoyons des bouquets par ton chien.

PIERRE. Quéqu' ça t' faisions?

NOEL. Oh! rien... ou approchant... mais son père, foudrait voir...

PIERRE. Le père Casteras... il l' sait ben... et sa mère aussi... ils connaissent tous les deux notre amitié entre Blondette et moi... c'est d' leur consentement que j' gardons nos moutons sur le même pré... que j' m'abritons au même ombrage et ils n' voyont pas de d' mal à ça car ils m' connaissont...

NOEL. Ah! ils n' voyont pas d' mal à ça... ils étiont donc ben naïfs pour leux âges...

PIERRE. Quéqu' tu voulons dire...

NOEL Tu d'vines ben.

PIERRE. Ils n' connaissont que j' te dis... j' n'ons fait jamais rien qui puisse leux y donner soupçon... ce n'étiont pas à moi qu'on pourrait reprocher d'avoir abusé de sa force pour perdre des jeunesses, comme la pauvre vachère du Vigan.... la petite moissonneuse d'Anduze.... et d'autres encore...

NOEL. T'ose me blâmer...

PIERRE. C'étiont donc toi...

NOEL Jarni, Pierre... méfie-toi, si j' te prenons en grippe... j' connaissons le maire intimement et d'ici vingt-quatre heures j' pourrions ben te faire chasser d'Aigues-Vives...

BLONDETTE. Chasser...

PIERRE. N'as pas peur, pichounette... sous quel prétexte pourrait-on en venir là?

NOEL. Des prétextes... oh! c' n'étiont pas difficile à trouver contre un gas comme toi qu'étions né sans père ni mère... qu'on aviont trouvé un beau jour sur les cailloux de la grand'route et qui ne valions pas plus qu'eux.

1 Noël, Blondette.
2 Blondette, Noël.
3 Blondette, Pierre, Noël.

PIERRE, *menaçant.* Misérable!

NOEL, *effrayé.* Oh! là! là!

BLONDETTE, *retenant Pierre.* Pierre (1)!

NOEL. Capon!.. parce qu'il est le plus fort ils vouliont *m'escrapoutchina.*

PIERRE. Tiens, Noël, va-t'en ou j' te brisons, foi d'homme!..

NOEL, *le narguant.* M'en aller, moi...

PIERRE, *furieux.* Va-t'en!..

NOEL, *effrayé.* Tout de suite... (*A part.*) Oh! je m' vengerons de c' méchant mauvais gas.. j' li ferons des misères gros comme moi... (*Geste de menace à Pierre et à Blondette. Pierre s'est assis sur le tertre et reste la tête dans ses mains, Blondette, à ses pieds, le console. Noël est sorti.*)

SCÈNE IV.

PIERRE, BLONDETTE.

BLONDETTE, *à Pierre qui tient toujours sa tête cachée dans ses mains.* Eh ben! quoiqu' t'as donc, mon pauvre Pierre, tu ne me dis plus rien, est-ce que t' en veux à ta p'tite Blondette? (*Elle écarte les mains de Pierre et s'aperçoit qu'il pleure.*) Ah! mon Dieu! mais, *tu tombes* des pleurs... à cause donc Pierre, quéqu' t'as, quéqu' t'as?

PIERRE. Tu le demandes, Blondette?

BLONDETTE. Ce s'rait ti donc à cause de ce que t'a dit ce méchant Noël Prouvèze (*Lui essuyant les yeux avec le mouchoir qui est attaché à son casaquin.*) Fais-y pas attention, c' qui veniont d lui, c'étiont pas des injures.

PIERRE. T'as raison, Blondette, c'étiont pas des injures, c'étiont des vérités, car, comme il l a dit, c' mauvais homme, j'ons été trouvé sur les cailloux d' la grand'route et je n' valons pas plus qu'eux.

BLONDETTE. Veux-tu ben te taire, et n' pas m' rendre triste.

PIERRE. N'avoir ni père ni mère, c'est ça qui nous causiont des peines, tu ne peux pas le savoir toi, Blondette, toi qu'avions des parents et des bons parents même, que je' n'aimerions pas mieux ma mère qui n' t'aimiont, ainsi, juge!

BLONDETTE. Oh! ce Noël, que je l' détestons!

PIERRE. Bah! est-il vraiment si mauvais, et j' devons-t-il lui en vouloir, plus qué j'en voulons à mes parents, qui m'aviont fait ce que Noël me reprochiont d'être (2).

BLONDETTE. N'accuse personne, Pierre, car le bon Dieu t'a protégé... s'il ne t'aviont pas pris en amour, est-ce qu'il auriont veillé sur toi, pour que les charrettes qui passaient n' t'écrasent pas sous leux roues, est-ce qu'il auriont conduit mon père qui n'avait que faire par là, à seule fin qu'il t' ramassiont et t' rameniont chez lui, oùsqu'on t'a élevé ni pus ni moins que l' fils de la maison; j'étions pas encore née alors, et ben deux ans après, quand j'arrivai, est-ce qu'on t' laissa à l'abandon pour n'être occupé qu'après moi? non, nous eûmes partage égal de soins et d'amitié, tu n'eus ni père ni mère de moins, mais une petite sœur de plus.

PIERRE. C'est vrai, Blondette, j' suis un ingrat.

BLONDETTE. Oh! c' n'est pas des reproches que j' te fais.

PIERRE. Mais je m'en faisons moi, des reproches, et des plus grands que tu n' pensons, va, Blondette; car, vois-tu ben, Noël vient de m'ouvrir les yeux, il m'a découvert au dedans de moi, quéque chose qu'étions bien mal et qu' si ton père le saviont...

BLONDETTE. Qu'est qu' c'étiont donc, Pierre, tu m'effrayes; c'est-ti que tu n' l'aimions pus autant ni ma mère non plus?

PIERRE. Moi, n' plus les aimer, ah!

BLONDETTE. C'est-ti que ton affection pour moi n'étiont plus la même?

PIERRE. Peut-être ben.

BLONDETTE, *émue.* Tu n' m'aimes plus, Pierre?

PIERRE. Ben du contraire, mais mon amitié d'autrefois est devenue...

BLONDETTE. Quoi donc?

PIERRE. Oh! méchant Noël, j' lui en voulons plus de cette révélation, que d' toutes les vilainies qu'il m'a faites.

BLONDETTE. Mais enfin parle donc... dis-moi...

PIERRE. Pas à toi, Blondette, pas à toi; tiens, voilà venir ton père et puis ta mère, ils vont tout savoir, je n' voulons pas avoir ce poids-là sur la conscience.

SCÈNE V.

LES MÊMES, LE PÈRE ET LA MÈRE CASTERAS (1); *ils arrivent bras dessus, bras dessous par le fond et considèrent le champ de blé.*

LE PÈRE CASTERAS. Tu le vois, not' femme, quoique j' soyons à peine en mi-avril, ce blé de not' champ est en pleine germance, l'épi se forme et s' remplit dru, que j' dis.

LA MÈRE. Oui, notre homme, vienne la fin juin, et la moisson sera belle, que j'espère.

BLONDETTE, *les abordant.* Est-ce pour moi que vous venez par ici, not' père et not' mère?

LA MÈRE, *elle l'embrasse.* Tiens, la fille...

LE PÈRE. Eh bien, et moi, la pitchotte? vite, un bon gros béco, à ce père, (*Blondette l'embrasse.*) et d' l'autre côté donc, tu veux t'y m' faire boiter d'une joue? (*Elle l'embrasse encore.*)

LA MÈRE. Mais puisque v'là Blondette, et que

1 Pierre, Blondette, Noël.
2 Blondette, Pierre.

1 Pierre, le Père, Blondette, la Mère.

c'est comme qui dirait saint Roch, où ça donc qu'est comme qui dirait son chien ?

BLONDETTE. Rustaud ?

LA MÈRE. Et que nenni, Pierre.

LE PÈRE. Le v'là là-bas ; quéqu' t'avions donc, mon fils, à n' pas venir me serrer la main comme tu fais d'habitude dès que tu m'apercevions ?

PIERRE, *s'avançant*. Me v'là, père Casteras, mais c'est bien d' l'honneur que vous m' faites.

LE PÈRE. D' l'honneur, est-il bête à ce matin.

LA MÈRE. Comme il a les yeux rouges !

BLONDETTE. Il a pleuré.

LA MÈRE. A cause ?

LE PÈRE. C'est-il qu' t'aurais perdu queuqu' agneau et qu' tu crains une semonce de ton bourgeois ?

PIERRE. Non, non ; mon maître, à ce que j' croyons, étiont toujours content de moi.

LE PÈRE. Alors y a pas d'offenses, et j' gageons c'étiont la chaleur qui t'incommodiont. Tiens.... (*Lui offrant une gourde attachée à sa ceinture.*) Tiens, rafraîchis-la c'te chaleur en avalant une lampée de Saint-Georges.

LA MÈRE. Not' homme, tu mets toujours tout sur l' dos d' la chaleur.

LE PÈRE. C'est pour avoir plus souvent l'occasion d'en revenir à ma gourde, dont toutefois j' n'usons pas trop intempéramment. (*A Pierre.*) Allons, tiens, console-toi bien vite.

PIERRE. Ben obligé, père Casteras, mais j'ons pas le cœur à la boisson... de plus, j'ons quéque chose à vous dire.

LE PÈRE. Parle, j' t'écoute en même temps que j' bois.

PIERRE. Oh ! pas d'vant Blondette.

BLONDETTE. A cause donc ?

LA MÈRE. J' sommes-ti de trop aussi, moi ?

PIERRE. Non, au contraire.

LE PÈRE. C'est-il que tu veux rire, Pierre ?

PIERRE, *tristement*. Puisque j'ai pleuré.

LE PÈRE. C'est juste, mon fils... va-t'en, Blondette (1).

BLONDETTE, *en s'en allant, à Pierre*. Méchant, qui as des secrets pour sa petite amie. (*A part.*) C'est mal d'être curieuse, et pourtant j' crois ben que j' vas l'être. (*Elle sort.*)

SCÈNE VI.

LES MÊMES, *hors* BLONDETTE.

LA MÈRE. La v'là partie. Quéque tu peux avoir à nous dire ?

LE PÈRE, *après avoir bu*. Nous v'là préparés à t'entendre. (*Pierre, sans rien dire, s'agenouille devant eux.*)

LA MÈRE (1). Eh ben, quoi donc, il se met à genoux à c't' heure.

LE PÈRE. Tu nous prends donc pour M. le curé...

LA MÈRE. As-tu quéque faute à confesser ?

PIERRE. Une grande ; mais que j'avons commise à mon insu.

LE PÈRE. Toi, mon garçon, avoir commis une faute ; relève-toi, car c'est pas possible, j' te connais, moi, j' t'ons élevé comme not' enfant ; et où donc ça que j'aurions puisé de mauvais sentiments, puisque j' t'ons inculqué les miens ?

LA MÈRE. Quéque vétille que dans sa bonté il s'imputiont à gros péché.

PIERRE. Vous en jugerez.

LE PÈRE. Explique-toi.

PIERRE. Une supposition que c'ti-là d'orphelin que vous avez recueilli n'est pas moi ; que d'après vos bienfaits il vous aurait aimés et plus peut-être que son vrai père, que sa vraie mère.

LE PÈRE. Il aurait tort, c'ti-là qui n' s'rait pas toi, et si c'te mère et ce père qui n' connaissiont point arriviont tout à coup, et se présentiont dès quand nous, si n' leur y sautait pas au cou d' préférence à nous-mêmes, ce s'rait un mauvais fils...

PIERRE. A cause ?

LE PÈRE. A cause qu'on aime Dieu par-dessus tout sans le connaître, et que les parents c'est comme Dieu, même sans les connaître faut les aimer par-dessus tout, n'aimer que pour les bienfaits reçus ce n'est aimer que pour soi-même.

PIERRE. J' sommes donc déjà coupable de c'te faute, père Casteras, car j' vous aime mieux tous deux pour la vie que vous m'avez conservée que mes parents pour me l'avoir donnée.

LA MÈRE. Si c'est une faute, ma foi tant pis, j'n'ons pas le courage de t'en vouloir, moi.

LE PÈRE. Du reste, si c'est là tout dont tu t'accuses.

PIERRE. J' suis plus coupable encore.

LA MÈRE. Par devers qui donc ?

PIERRE. Vers Blondette.

Air : *Du bon Curé* (Roses.)

Blondette avec qui mon enfance,
Auprès de vous deux s'écoula.
D'abord c'est la reconnaissance,
L'amitié, qu'elle m'inspira ;
Comme sœur elle m'était chère,
Comme frère j'avais son cœur,
Mais je ne puis plus être son frère,
Je l'aime plus qu'une sœur.

LE PÈRE. Hein, hein !

LA MÈRE. Bon Dieu ! quéque j'entends donc ?

1 Le Père, Pierre, Blondette, la Mère.

1 Le Père, la Mère, Pierre.

PIERRE. Mais elle n'en sait rien, et moi-même, il n'y a que queques instants que je me sais aussi coupable, aussi j'ai t'i tout voulu vous dire d'abord, et comme c'est pas possible qu'un rien de rien comme moi soit l'épouseur d' vot' Blondette, j' m'éloignerai si vous le voulez, j' quitterai le pays.

LE PÈRE. Toi, partir (1) ! Dis donc, femme?

LA MÈRE, *bas*. Faut pas.

LE PÈRE, *bas*. Vrai, parole, t'avais donc la même pensée que moi, et moi qu'osions pas t'en parler.

LA MÈRE. Moi non plus.

LE PÈRE. Comme ça se trouve.

PIERRE. J' dois t'i partir?

LE PÈRE. Faudra voir. (*Noël paraît au fond.*)

SCÈNE VII.

LES MÊMES, NOEL.

LE PÈRE. Certainement que si j'étais sûr que tu pensais à mal en aimant en secret not' fille, j' pourrions ben me fâcher.

NOEL, *s'avançant* (2). Fâchez-vous, père Casteras, car si il niont j' pourrons bien vous convaincre.

LE PÈRE. M' convaincre, et de d' quoi, Noël Prouvèze?

NOEL. De d' quoi qu' vous reprochez à Pierre, donc... d'aimer gros vot' fille Blondette et qui pis d' s'être fait aimer d'elle...

LA MÈRE. T'étions queuqu' fois gausseur, Noël...

NOEL. Pas de c'te fois, j'en jure... si c'est pas idoler queuqu'z'un que d'éplucher des marguerites pour lui... qu' d' recevoir les bouquets qui vous envoyont par son chien... de prendre la défense de c' dit chien au péril d'un mauvais horion, si j'en avions été capable... si tout ça n'est pas d' l'amour j' n'étions qu'une cruche sans boisson d' dans, et d' ailleurs si j' gaussions, Pierre étiont-il pas là pour m' fair' rentrer nos gausses dans l' gosier... au lieu tandis qu'il étiont tout penaud...

LE PÈRE, *sévèrement*. Tu n' m'avais pas dit, Pierre, que Blondette...

PIERRE. J' l'ignorions, père Casteras, foi du bon Dieu!.. et Noël m'apprend c't' amour comme il m'a appris l' mien... et, d'après ça, vous l' voyez ben, faut que j' quittions l' pays (3).

NOEL. Ça, ben sûr... le père Casteras n' seriont point assez gnole pour te donner sa fille, d'autant qu'il y avont un parti qui se présentiont pour elle...

LE PÈRE. Et c' parti-là, qui qu' c'est.

NOEL. Moi donc... oui moi, des pieds à la tête.

LA MÈRE. Malgré la certitude où qu' t'es que not' Blondette avont gros d'amitié pour Pierre?

NOEL. Oh! j' nous moquons de d' ça... j' m'estimons cor assez pour croire qu'all' l'oubliera ben vite pour moi... dame! quand on a d' l'allure et du quibus...

PIERRE. T'as raison, Noël... all' m'oubliera... j' m'en vas partir... ben loin... ben loin... adieu, père et mère Casteras... j'aurions voulu rester près de vous jusqu'à c' que le bon Dieu me reprenne; mais c't' événement me fesont un devoir de m'éloigner ben vite, ce s'rait ingratitude à moi d' rester sur Aigues-Vives maintenant.

NOEL. Bon ! tu prends ton parti en brave, ça te r'tape dans mon estime... t'as du chagrin, j' dis pas, mais ça s' passera... une autre remplacera ben vite Blondette dans ton cœur, et...

PIERRE. Oh ! cela je ne le promets pas.

Air de *Blondette*.

Celle que j'aime en ce village,
Sur mon cœur régnera toujours,
Pour elle seule et sans partage
Je veux conserver mes amours.
Par elle ma triste existence,
Parfois se couronnait de fleurs;
Ah! ce serait méconnaissance
Que de donner mon âme ailleurs;
De mon d'voir la ligne est tracée,
Oui de ce pays je dois fuir;
Mais j'y laisserai ma pensée
A défaut de mon souvenir.
Celle que j'aime, etc., etc.

Adieu ! adieu !

LE PÈRE. Tu t'en vas comme ça, Pierre?

PIERRE. Dame ! j' n'avons pas de paquet à faire, moi, ma seule fortune est là toute sur moi; j'ons d' quoi me conduire à une vingtaine de lieues d'ici, et rassurez-vous sur mon sort, y a partout des troupeaux à garder, d' la terre à labourer et des moissons à faire.

LA MÈRE. Tu ne nous embrasses pas (1).

PIERRE. Ah! pardon. (*Il l'embrasse.*)

LE PÈRE. Eh ben non na, tu ne partiras pas, j' voulons que tu restions dans le pays.

PIERRE. Quéque vous dites, mon Dieu?

LE PÈRE. Quoi! pauvre enfant trouvé, tu me sacrifierions ton pays, mais ton pays c'est ta famille à toi. Ton père c'est le sol oùsque j' t'avons trouvé; ta mère c'étiont la belle nature qui t'entouriont depuis ton enfance.

LA MÈRE. Oui, oui, tu demeureras, Pierre, ce serait plus mal à nous de te forcer à partir, qu'à toi de rester malgré nous.

PIERRE. Vous le voulez.

LE PÈRE. Je l'exigeons.

NOEL (2). Un instant, hé! hé! je n' voulons point d' ça, moi, j' consentons ben à épouser Blondette malgré son amour pour Pierre, si Pierre s'éloigne; je n' voulons point courir les chances

(1) Pierre, le Père, la Mère.
(2) Pierre, le Père, Noël, la Mère.
(3) Le Père, Pierre, Noël, la Mère.

(1) Le Père, Noël, la Mère.
(2) Noël, le Père, Pierre, la Mère.

de sa continuation de séjour, qu'il parte ou j' n'offrons pus ma main.

LE PÈRE. Mais qui t'a dit qu' j'en voulions donc d' ta main.

NOEL. Hein! s'il vous plaît.

LE PÈRE. Garde-la, j'ons pas même assez d'estime pour toi, pour toi... pour te la demander à serrer.

NOEL. Encore une humiliation que m' vaut c' mauvais gars d' Pierre, mais soyez paisible, si c'est pas par vous qui s'en va, ça s'ra par moi.

LA MÈRE (1). Par toi. (*Elle remonte au fond.*)

NOEL. J' trouv'rons moyen, oui dà, oui, de purger la commune de c' fils d' l' basard.

PIERRE. T'es plus fier d'avoir ton père Noël, qu' ton père n' l'est d'avoir son fils.

NOEL. Jarni, si t'étions point le plus fort.

LA MÈRE (2). Assez d'insolences, maître Noël, vous êtes ici cheu nous, sur nos terres, et vous y êtes d' trop.

NOEL. C'est dit, j' m'en vas. (*A part.*) Y a pas d' bons diables s'ils ne me l' paient pas trétous; salut la compagnie. (*Il sort.*)

SCÈNE VIII.

LES MÊMES, *excepté* NOEL.

LE PÈRE. Viens nous-en vite trouver Blondette.

LA MÈRE. Oui, not' homme.

PIERRE. Oh! non, pas encore. (*Bruit et acclamations au dehors.*) Tenez, ce bruit annonciont l'entrée du taureau dans l'arène; j' voulons aller l' combattre en l'honneur de Blondette... et je l' vaincrai, car je veux qu'elle soyont fière de moi.

LA MÈRE. Quoi, tu veux?..

PIERRE. Venez, père, venez, mère, venez. (*Ils sortent; à peine sont-ils sortis que Blondette paraît, elle est pâle, des larmes s'échappent de ses yeux, elle s'avance en scène en chancelant.*)

SCÈNE IX.

BLONDETTE, *seule.* Oh! je le suis déjà fière de toi, mon Pierre, si je l'avais osé, si j'eussions eu assez de force pour le pouvoir, j' serions venue tout de suite à toi, à mon père, à ma mère, pour vous remercier tous; quelle révélation, c'étiont donc vrai qu'un sentiment plus fort que celui que j'éprouvais déjà peut s'éveiller au dedans de vous, et qu'au lieu d' s'appeler amitié, c' sentiment-là s' nomme amour! amour, queuque c'est donc qu' ça; je m'interroge et n' pouvons me répondre. Pourquoi donc que Pierre demandait grâce à mon père et à ma mère de c' qu'il m'aimiont ainsi, c'est donc du mal l'amour, oh! mais alors, j'ai eu tort d'écouter... car je le sens, Pierre, je ne pourrons plus t'aimer seulement comme autrefois; j'étais heureuse avant, contente, joyeuse en te voyant, et maintenant c' n'est pus ça, on dirait que j'ai envie d' pleurer, et j' serions confuse si tout à coup tu reparaissions devant moi... Oh! mon Dieu! mon Dieu, rendez-moi mon cœur, ma joie d'hier...

Air : *Un Matelot.* (Roses.)

Vous qui savez, mon Dieu, ce que j'éprouve,
Vous qui lisez dans le fond de mon cœur,
Délivrez-moi, faites que je retrouve,
Ce sentiment qui faisait mon bonheur.
Pour moi la vie était joyeuse ivresse
Avant qu'en moi ce sens fût éveillé,
Puisque l'amour, hélas, c'est la tristesse,
Chassez l'amour, rendez-moi l'amitié.

(*Elle se relève, acclamations au dehors, musique de musette et de tambourin.*)

VOIX AU DEHORS. Vive Pierre, vive le vainqueur du biau!

BLONDETTE. Quels sont ces cris... C'est lui!

SCÈNE X.

BLONDETTE, SON PÈRE ET SA MÈRE; PIERRE, *porté en triomphe;* NOEL, PAYSANS, PAYSANNES; *en tête du cortége, joueurs de musette et de tambourin. Le cortége fait le tour du théâtre au son de la musette et du tambourin, puis s'arrête; on dépose Pierre à terre, les paysans se rangent au fond, les principaux personnages garnissent le devant de la scène, Blondette à l'extrême gauche.*

LA MÈRE CASTÉRAS (1). Blondette, pourquoi te tiens-tu à l'écart, viens donc féliciter Pierre.

LE PÈRE. Jarni, il l'avont mérité, et j' vid'rons plus d'une bouteille en son honneur, il aviont enlevé d'un seul coup la cocarde au taureau, un petit noir de la camargue avec des cornes plus pointues que not' fourche.

NOEL, *à part.* C'étiont pas queuqu' chose d' ben malin.

LA MÈRE, *qui est presque à côté de lui et qui l'a entendu.* Plaît-il? vous rabaissez Pierre, lui qui vient de vous sauver la vie.

NOEL. Oh! il m'a sauvé la vie!

LE PÈRE. Certainement, toi qu' étions descendu dans l'arène par bravache et qui fuyais dru devant le biau, sans la venue de Pierre t'étions empalé.

1 Le Père, Noël, Pierre, la Mère, au fond.
2 Le Père, la Mère, Noël, Pierre.

1 Blondette, la Mère, Pierre, le Père, Noël, les Paysans, au fond, les Hommes, à gauche, les Femmes, à droite.

NOEL. Non point... j' fesions la feinte d' fuir pour fourrer le taureau d'dans, et sans Pierre c'étiont moi qu'aurions eu la cocarde.

LE PÈRE. Laisse donc!

LA MÈRE, *à Blondette.* Eh ben! Blondette, tu n' parais pas joyeuse du triomphe de ton ami Pierre?

BLONDETTE, *approchant.* Moi, au contraire, ma mère.

LE PÈRE. Tu as l'air d'une boudeuse. Pour te dérider reçois des mains de Pierre la cocarde qu'il a conquise, je lui permettions de t' l'offrir.

NOEL. Mais, père Casteras il est d'usage qu'un fiancé seul fasse ce cadeau à sa promise.

LE PÈRE. J' savons ça comme toi, Noël Prouvèze, et tu leur za justement dit c' que je me proposais d' leur apprendre. *(Prenant la main de Pierre et de Blondette.)* J' les fiance, et vienne la moisson j' les marierai, foi de Casteras.

BLONDETTE, *joyeusement.* Ah! mon père.

LA MÈRE. Offre ta cocarde, Pierre. *(Pierre se met à gênou devant Blondette et lui offre sa cocarde; la musette et le tambourin recommencent leur refrain.)*

NOEL, *à part.* Vienne la moisson, j'ons d' la marge, et si s' mariont, jarni, ça ne sera pas d' mon consentement.

LES PAYSANS. Vive Pierre! vive Blondette!

FIN DU PREMIER ACTE.

ACTE DEUXIÈME.

Même décor qu'au premier acte, seulement le blé qui, dans le champ du fond, n'était qu'en herbe est haut et mûr et prêt à être moissonné.

SCÈNE PREMIÈRE.

NOEL, *seul. Il arrive par le fond à droite, et examine le champ de blé qu'il côtoie.* Jarni... c'est qu'il étiont mûr, c'est qu'il étiont doré, comme pas un de tous l's' environs... j'ons contre moi, même le soleil qui s'est pus dépêché pour eux que pour les autres... c'est pas juste, ça, tout d' même!.. *(Arrachant avec colère quelques épis qu'il a sous la main.)* Gueusards d'épis... avec votre belle robe de paille jaune, votre tête crépue et vot' grande taille, v's' avez l'air de m' narguer comme si que vous sauriez qu' vot' jaunissance et vot' maturité étiont l' signal du mariage de Pierre et Blondette, et c'l'i aussi de ma déconfiture... et dire qu'en deux mois pleins, car nous v'là fin juin à c't' heure, en deux mois j'ons pas pu jeter un seul bâton dans les roues d' leu bonheur... j'ons pourtant finassé, j'ons tout fait pour me rabonneter avec Pierre, j'ons essayé d' l'emmener au mal... ah ouiche, pas moyen de le faire boire, de l' décider à faire l'amour autrement qu'en partage et près de sa Blondette... faut qu' j'y renonce, car drès aujourd'hui leur moisson va s'entamer, demain elle sera finie, et après demain leur conjongo... j'enrage à en crever... *(Il s'assied à droite.)* Voyons, Noël... recreuse-toi encore la caboche pour en tirer queuqu' méchant tour... Bah!.. rien de rien... c'est qu'aussi j' n'avons pas encore l'habitude de la mauvaiseté... avant ma rivalité d' Pierre, j'étions bon comme un autre... mais y m'a tant fripé mon amour-propre...

Chant au dehors.

La campagne est belle,
Le travail t'appelle
A sa voix fidèle
Réponds, moissonneur,
L'épi se balance
Et sa jaunissance
Donne l'espérance
D'un heureux labeur.

NOEL, *se levant.* Qué qu' c'étiont qu' ça... des moissonneurs qui veniont par ici... ça s'rait-il déjà pour le champ au père Casteras .. oh! j' bisquons qu' j'en prends des envies de me battre moi-même... faute de Pierre...

SCÈNE II.

NOEL, LA GLANEUSE, MOISSONNEURS (1).

CHŒUR, REPRISE.

La campagne est belle, etc.

(Après le chœur, les moissonneurs se disposent à faire halte; ils s'asseyent au pied du tertre; la vieille glaneuse reste debout au fond et semble n'oser s'approcher d'eux.)

NOEL, *à part.* Ils s'arrêtiont tout juste ici... plus de doute, j' suis pipé. *(Aux moissonneurs.)* C'étiont donc, de vrai, au champ des Casteras que vous avez affaire, vous autres...

UN MOISSONNEUR. Non dà... bourgeois... j' venons d'en deçà Lunel et j'allons à Milhau... j' nous arrêtons ici pour reposer un brin...

NOEL. Ben vrai. *(A part.)* Ça me r'montons... *(Les moissonneurs s'apprêtent à boire à la gourde que chacun d'eux a suspendue à sa ceinture.)* V's' allez boire un coup, mes braves...

UN MOISSONNEUR. Comme vous voyez... si c' n'étiont point affront vous faire, j' vous offririons ben de trinquer avec nous...

1 Les Moissonneuses, les Moissonneurs, Noël.

NOEL. Oh ! j' sommes pas fier.

UN MOISSONNEUR. Volès ben béouré?

NOEL. Oui, passez-moi une gourde... (*Le moissonneur lui en passant une.*) Vèdzaqui?..

NOEL, *trinquant avec eux.* A vot' bonne santé... à vot' bonne moisson... (*A part.*) Et à la mauvaise des Casteras...

TOUS LES MOISSONNEURS. A not' santé !... à not' moisson !..

LA GLANEUSE, *s'approchant* (1). N' faites point oubli d' la vieille glaneuse... mes bons monsieurs... j'ai bien soif aussi, moi...

NOEL. Quéqu' c'étiont que c' t'ancienne...

LE MOISSONNEUR. Vous savez ben, not' maître... c'étiont un' de ces quasi-mendiantes qui parcouriont à not' suite tout le pays oùsque j'allons faire moisson...

NOEL. Ah ! oui... de ces filles de village qu'avionl été jadis chassées d' leur endroit pour manquement d' vertu... et qui pour vivre s' fesiont tout à la fois glaneuse d'épis et d'amour... t'étions ben vieille et ben vilaine pour tel métier, mon chou...

LA GLANEUSE. C'étiont pourtant pas tant l'âge que l' malheur qui m'aviont tant fanée que ça... y a pas tant seulement vingt années j'étions encore fraîchette et ragoûtante...

NOEL. Qui n' veut pas t' croire, peut y aller voir, pas vrai...

LA GLANEUSE. Et si j' vous contions...

NOEL. J' voulons pas... toutes vos histoires se ressemblent à vous autres femmes de moins que rien...

LE MOISSONNEUR. Et pis d'ailleurs, tu perdrions ton temps à vouloir nous apitoyer... j'étions tous mariés et ben sages...

NOEL. Qui n' le s'rait point, l' deviendrait à la voir...

LE MOISSONNEUR. Viens tout d' même prendre un coup d' vin et une miche de pain. (*Il donne à boire et à manger à la glaneuse qui va s'asseoir sur le banc* (2).

NOEL. C'est dommage que Pierre n'étiont pas là... Il pourriont voir un aperçu de c' qu'étiont sans doute sa mère à c't' heure .. (*Frappé d'une idée subite.*) Sa mère... tiens, mais au fait, oui... c'est un' idée... par çà j' trouv'rais moyen d'envoyer au loin pour queuqu' temps... ben mieux, j' pourrions peut-être dégoûter d' lui la famille des Casteras... faut que j'essayions... (*Pendant cet aparté les moissonneurs se sont relevés, ont pris leurs outils et s'apprêtent à se remettre en route.*)

1 Les Moissonneuses, la Glaneuse, le Moissonneur, Noël.

2 Les Moissonneuses, la Glaneuse, le Moissonneur, Noël, les Moissonneurs, au fond.

LE MOISSONNEUR. Nous v'là r'posés et restaurés... j'allons nous r'mettre en route...

NOEL, *à la glaneuse qui va suivre les moissonneurs.* Halte-là, toi la vieille... j'ons à te causer.

LA GLANEUSE. Mais...

NOEL (1). Tu gagneras plus à m'entendre qu'à les suivre, reste...

LA GLANEUSE. J' voulons ben...

LE MOISSONNEUR. Addulias, mousu.

NOEL. Addulias.

(*Reprise par les moissonneurs du chœur d'entrée ; ils sortent.*)

SCÈNE III.

NOEL, LA GLANEUSE.

(*Pendant que Noël est allé reconduire les moissonneurs et guette leur sortie, la glaneuse s'est assise indifférente au premier plan à droite* (2).

NOEL, *redescendant la scène.* Les v'là partis, bon vent. La vieille, c'étiont pas un' mauvais' rencontre que la mienne pour toi, dà... t'allions bientôt le voir.

LA GLANEUSE. A cause? .

NOEL. J'ons queuqu' chose à te proposer.

LA GLANEUSE. Quésaco?

NOEL. Minute . D'abord personne pouviont-ils nous surprendre. (*Il regarde autour de lui et remonte encore la scène.*)

LA GLANEUSE. C'étiont donc du mal...

NOEL. C'étiont pas du bien... (*Redescendant.*) Mais, jarni, t'étions pas scrupuleuse , j'espère... t'étions trop déguenillée pour ça.

LA GLANEUSE. Enfin quéqu' c'est...

NOEL. Vedsaquo !.. t'étions pas sans avoir évu queuqu' mio, pas vrai, jadis...

LA GLANEUSE. J' dis pas... y avont vingt ans.. ma première faute à Saint-Gilles, proche de Nismes.

NOEL. L'endroit n'y fait de rien... et pourtant si .. tiens, je m' rapp'lons qu' c'étiont sur la route de Saint-Gilles qu'on aviont trouvé l' gas dont j'allons te dire queuqu' mots...

LA GLANEUSE. Un enfant abandonné... vrai?.. au fait, c't' année-là , je m' souvenons qu'il y avont eu beaucoup d' pauvres enfants délaissés...

NOEL. Comm' tous les ans... il fait si chaud cheux nous... ton enfant, tu n' l'avons point revu...

LA GLANEUSE. Jamais...

NOEL. Au mieux... et à c't'-là, n'importe d'enfant trouvé... tu pourrions dire j' suis la mère, sans qu'il puissiont te démentir...

LA GLANEUSE. Faudrait des preuves...

NOEL. Je te mettrons en position d'en fournir. . j' savons tous les détails de la trouvaille de Pierre, et en les lui z'y racontant... tu...

1 Les Moissonneuses, les Moissonneurs, au fond, la Glaneuse, Noël.

2 Noël, la Glaneuse.

LA GLANEUSE. Ah! c'est là c' que tu voulions d' moi?

NOEL. Tu pensais-t-i que j' te voulions autre chose?

LA GLANEUSE. Dame! j' savais pas...

NOEL. Ah! ben! merci!

LA GLANEUSE. Quequ' ça t' servira donc qu' je fasse c' te menterie-là?..

NOEL. A emmener le plus loin possible... à Paris même... j' paierons l' trajet... c't'i-là qui te croira sa mère...

LA GLANEUSE. S'il veut me suivre...

NOEL. Il le voudra... tu lui diras que toi tu ne pouvons rien pour lui... mais qu' tu savons oùs qu'est son père, qu'il l'attend pour lui z'i donner sa bénédiction... et j' connaissons Pierre... il étiont si bon par nature et si désireux d' connaître sa famille qu'il plantera là sans barguigner ses adoptifs et sa fiancée, toute la nichée, quoi! tu consens, pas vrai...

LA GLANEUSE. Nenni dà...

NOEL. S'il plaît... tu ris...

LA GLANEUSE. Non point... j'ons fait des actions dans ma vie qu'ont pu faire du tort à moi-même, mais jamais aux autres... je refusons net... adieu!

NOEL. Un instant, tu crois qu' j'allons t' laisser partir comme ça, toi qu'as mon secret et qui pourrions m' noircir...

LA GLANEUSE. J' dirons rien...

NOEL. Je ne m'y fions point... consens, ou j' te dénonce au mâre comme vagabonde qu'a voulu m'entraîner...

LA GLANEUSE. Tu dirais ça?

NOEL. Pardi... et on me croira : les *déniements* d'une mauvaise femme n' l'emporteront point sur les oui dà de Noël Prouvèze...

LA GLANEUSE. Hein?..

NOEL. Qué qu' t'as...

LA GLANEUSE. Tu t'appelons Prouvèze...

NOEL. Pourquoi pas?

LA GLANEUSE. C'étiont là ton vrai nom... ton légitime...

NOEL. De père et de mère... ben et dûment conjoints... est-ce que tu penserions à m' faire passer pour ton fieu, toi... Heureusement qu' tout l' pays sait bien qu' j'ons pas été trouvé comme Pierre, sur une grande route, entortillé d'un vieux morceau de camelot rouge avec de la paille pour ceinture.

LA GLANEUSE, *frappée, et à part.* Prouvèze... du camelot... de la paille... oh! pas possible...

NOEL. Ça t' donne à réfléchir... comme l's' autres, tu savons que j'ons le bras long ici et dans l's' environs, et qu' d'un seul mot j' pourrions t' faire arriver du mal...

LA GLANEUSE. Ton père viviont encore?

NOEL. J' crois ben... Pauvr' père, n'était la goutte, il trotteriont comme moi... n'y a que ma mère... Pauvr' femme, all prie là-haut pour moi.

LA GLANEUSE. Elle fait ben, car en ce moment t'avons besoin de ses prières pour expier d'avance l' mal que tu voulons faire.

NOEL. C'est vrai ça! Ma pauvr' mère!.. (*Il essuie une larme.*) Eh bien! quoi! j' pleure.... j'étions ému... oh! pas d' ça... penser à ma mère, à mon père que j'aimais et que j'aime tant... ça m' rendriont bon... et j' voulons cor être méchant... j'en avons d' besoin, ça t' va-t'y?

LA GLANEUSE, *qui, pendant toute la réplique de Noël est restée absorbée dans ses réflexions.* Oui.

NOEL. Ah! c'est ben heureux, T'as voulu m' faire tirer la langue pour avoir plus... Comben qu' tu veux?..

LA GLANEUSE. Oh! c'est pas pour l'argent...

NOEL. J' sais ben... histoire de me rendre service. Par ainsi...

LA GLANEUSE. Chut! on vient.

NOEL (1). Oui... et justement c'étiont mes gens.

LA GLANEUSE. Ah! et c'est au plus jeune...

NOEL. Qu'il faudra conter l' calembourg. (*L'entraînant.*) Viens, viens vite, je vais te donner les derniers renseignements (*Ils sortent au moment où, d'un autre côté, entrent le père et la mère Casteras, et Pierre et Blondette : celui-là soutient celle-ci, qui paraît faible et est un peu pâle.*)

SCENE IV.

PIERRE, BLONDETTE, LE PÈRE CASTERAS, LA MÈRE CASTERAS.

PIERRE, *à Blondette* (2). Appuie-toi donc sur moi, Blondette... j' te sentons point me donner le bras.

BLONDETTE. J'ons peur de te fatiguer, Pierre.

PIERRE. L'oiseau fatigue-t-il la branche sur quoi qu'il pose. (*Eux deux sont descendus en scène; le père et la mère Casteras restent au fond à examiner leur champ de blé.*)

BLONDETTE. Et puis d'ailleurs aujourd'hui j' sommes toute brave... mon p'tit malaise est tout à fait passé...

PIERRE. Oh! t'étions encore un brin faible et pâlote.

BLONDETTE, *badinant.* Du tout, Monsieur... et puisque vous faites l'orgueilleux en m' croyant vot' bras nécessaire... gardez-le, je n'en voulons plus... (*Elle le quitte.*) Voyez, si je n' pouvons pas ben trotter sans vous...

PIERRE, *sérieux.* Blondette!..

BLONDETTE. Eh ben de quoi!... (*L'imitant.*) Blondette!... (*Riant.*) Ah! ah! fait-il une petite moue toute drôle!..

PIERRE. A cause que tu ris?..

1 La Glaneuse, Noël.

2 Pierre, Blondette, Casteras et la Mère, au fond.

BLONDETTE. A cause que j' ris? bédame!.. de ton air sérieux... et surtout... (*Courant lui reprendre le bras.*) surtout à cause que je suis contente qu' nous y soyons enfin à c't' époque de moisson, qu' est aussi celle de not' mariage.

PIERRE. Oui, mais quand est-ce qu'elle aura lieu (1)...

LE PÈRE. La moisson!.. aujourd'hui... Tarder vingt-quatre heures de plus serait faire du mal au blé...

LA MÈRE Et d' la peine à vos cœurs.

BLONDETTE. Faut s' dépêcher...... à cause du blé...

LE PÈRE. Et d' vos cœurs aussi... p'tite sournoise...

BLONDETTE. J' dis pas...

LA MÈRE. Ni Pierre non plus..... quoiqu'il n' parliont guère.

PIERRE. Oh! moi, mère... si j'ons le bonheur silencieux... faut pas croire qu'il soyont moins vif... mais en vérité j' crois que j' rêve...

LE PÈRE. Pour t' réveiller, mon gas... pendant que femme et moi j'allons chez le notaire faire dresser votre contrat.

PIERRE. Notre contrat!..

BLONDETTE. Vrai...

LE PÈRE. Faut ben, puisque j' te donne une dot...

PIERRE. Oh!..

LE PÈRE. Pas pour toi, bêtas, pour v's' enfants. M'en faut d'abord!..

BLONDETTE. Pendant c' temps-là qué qu' j'allons faire?..

LA MÈRE. Ça veut dire, ça, qu' t'aimes mieux rester avec lui qu'avec nous.

BLONDETTE. C'est si loin, c' notaire!..

LE PÈRE. Et tout à l'heure all' disait qu'all' étiont toute brave...

LA MÈRE. Qu' veux-tu, not' homme! (*Embrassant Blondette.*) L's enfants c'est tous ingrats...

BLONDETTE. Bonne mère!..

LE PÈRE. Pour les punir, toi, Pierre, t'iras quérir les moissonneurs dont l'assemblée avont lieu de d' par là, (*A gauche.*) et toi, Blondette, les moissonneuses qui s' réunissiont de c' côté (*A droite.*)

PIERRE. C'est dit...

LE PÈRE. Si j' sommes pas r'venus dès quand vous... Pierre, fais commencer les travaux...

BLONDETTE. J' n'y manquerons pas...

LA MÈRE. Oh! toi, Blondette, ne t'en mêle pas. Toute faible et convalescente que tu étions encore, sous ce soleil ardent tu pourrais reprendre maladie... et c'te fois dangereuse, ma fille.

PIERRE. Pas peur, mère Casteras, j' la laisserons pas se fatiguer.

LE PÈRE. C'est ça, veille dessus, c'est ton bien maintenant... En route, femme.

LA MÈRE, *aux enfants.* A revoir!

LES ENFANTS. A revoir!.. (*Ils reconduisent le père et la mère, qui sortent.*)

SCÈNE V.

PIERRE, BLONDETTE.

BLONDETTE. Là!.. dépêchons ben vite d'aller où le père nous envoie...

PIERRE. Oui, dépêchons... (*D'un commun accord, au lieu de se séparer, ils se prennent la main, et se conduisent au tertre, où ils s'asseyent.*)

BLONDETTE. Dis donc, Pierre!..

PIERRE. Quoi, Blondette?..

BLONDETTE. C'étiont pas le chemin...

PIERRE. On peut se tromper...

BLONDETTE. J' m'en vas, moi!

PIERRE, *la retenant.* Tout à l'heure... j'ons quéque chose à te dire...

BLONDETTE. Une nouvelle?

PIERRE. Oui.

BLONDETTE, *se rasseyant.* Ben vrai?.. Oh! dis vite...

PIERRE. Dis donc, Blondette... veux-tu savoir si je t'aime?..

BLONDETTE. C'est ça ta nouvelle..... je l' savons.

PIERRE. Non, mais là... si je t'aime pour de vrai..

BLONDETTE. J' voudrais ben voir que ça *soie* pour de rire...

PIERRE. Donne ta main...

BLONDETTE. La v'là.

PIERRE, *la mettant sur son cœur.* Sens-tu comme il bat fort... hein!.. eh ben! c'est tout pour toi.

BLONDETTE. Après?..

PIERRE. V'là tout.

BLONDETTE. Et tu m'arrêtes pour me dire ça..,

PIERRE, *voulant se lever.* J' m'en vas puisque tu l' veux.

BLONDETTE, *le retenant à son tour.* Attends donc... j'ons queuqu' chose à te dire aussi, moi.

PIERRE, *se rasseyant.* Ah! tant mieux.

BLONDETTE. Dis donc, Pierre, j' s'rons-ti heureux dans not' petit ménage?..

PIERRE. T'en doutes!..

BLONDETTE. Oh! nenni! j'en sommes sûre! Comme nous nous aimerons... et puis, jamais l'un n' sortira sans l'autre... Nous irons travailler tous deux... nous nous rendrons à la ville... ensemble pour vendre nos récoltes...

PIERRE. Et le soir, après le labeur, la causette au coin du foyer...

BLONDETTE. La soupe aux choux préparée pour nous deux...

1 Pierre, le Père, la Mère, Blondette.

PIERRE. Et au dessert un bon baiser pour récompense de c' que j'aurai fait jour durant...

BLONDETTE. Et moi d'avoir été bonne et soigneuse de la santé d' mon p'tit mari...

PIERRE. Tu n' sais pas, Blondette, tu devrais m'en donner un...

BLONDETTE. Un quoi?..

PIERRE. Pour que j'aille plus vite chercher les moissonneurs...

BLONDETTE. Un quoi que j' te dis?..

PIERRE. Un baiser...

BLONDETTE, *se levant.* Non point... moi donner un baiser à Pierre..... l' mari d' Blondette en s'rait jaloux plus tard.

PIERRE, *de même.* T'as raison, tiens... t'es trop gentille, et j' méritons pas mon bonheur.

BLONDETTE. Mais l'heure passe... faut se diligenter...

Air de *Blondette.*

Pierre, allons, plus une parole,
Tout ça c'est des instants perdus,
Comme les oiseaux le temps s'envole,
Mais, hélas! il ne revient plus.

PIERRE.

Déjà nous séparer, ma chère,
Ah! c'est bien pénible

BLONDETTE.

Il le faut.
Si nous nous quittons, mon bon Pierre,
C'est pour nous réunir plus tôt;
Tu sais que d' la fin de c' t'ouvrage,
Dépend l'espoir de notre cœur:
Songeons, pour prendre du courage,
Qu'au bout d' ce champ est not' bonheur.

ENSEMBLE, REPRISE.

BLONDETTE.

Pierre, allons, plus une parole,
Tout ça, etc.

PIERRE.

Soit, allons, plus une parole,
Tout ça, etc., etc.

(*Blondette sort à droite, Pierre la reconduit et reste à la suivre des yeux; la vieille glaneuse entre par la gauche, suivie de Noël.*)

SCÈNE VI.

PIERRE, NOEL, LA GLANEUSE.

PIERRE. Qu'elle étiont jolie, ma Blondette!.. comme elle court... pas si vite... tu vas prendre du mal...

NOEL (1). Le v'là... t'avions rien oublié...

LA GLANEUSE. Non...

NOEL. Tâche de le décider à te suivre.

LA GLANEUSE. Il m' suivra...

NOEL. N'oublie pas... camelot rouge et ceinture de paille...

LA GLANEUSE. Je sais... et mieux encore...

NOEL. T'en inventeras donc... soit... emmène-le ben loin...

LA GLANEUSE. Jusqu'à son père.

NOEL. Ça s'ra loin alors, car, jarni, j' crois qu' son père étiont à tous les diables.

LA GLANEUSE. Laissez-nous.

NOEL. Je m'esquive. (*A part.*) Mais je n' méloigne pas. (*Il sort.*)

SCÈNE VII.

LA GLANEUSE, PIERRE.

PIERRE. Je n' la voyons plus... d' not' côté hâtons-nous...

LA GLANEUSE. Monsieur Pierre...

PIERRE. C'est à moi qu' vous parlez...

LA GLANEUSE. Oui.

PIERRE. Vous savez mon nom, vous me connaissez donc... Quant à vous...

LA GLANEUSE. Oh! moi, vous n' pouvez m' connaître... j' viens d' par delà Lunel, et c'est la première fois qu' j'étions dans ce pays...

PIERRE. Qui que vous êtes donc?

LA GLANEUSE. Vous savez ben... d' celles qui suivont les moissonneurs...

PIERRE Je comprends... Tenez, pauvre femme. (*Il lui tend une pièce de monnaie.*) Dieu vous bénisse!.. et...

LA GLANEUSE. Non... gardez... ce n'est point l'aumône que je voulons de vous...

PIERRE. Quoi donc alors...

LA GLANEUSE. Vous causer...

PIERRE. Faites vite... car je suis pressé...

LA GLANEUSE. Je sais... les soins de votre mariage...

PIERRE. Avec Blondette... un ange...

LA GLANEUSE. Je la connais... mais votre fiancée elle-même... vous permettriont un retard pour entendre parler d' vot' famille. .

PIERRE. Hein!.. ma famille avez-vous dit, je n'en ai point.

LA GLANEUSE. Ou du moins jusqu'alors vous ne la connaissez pas...

PIERRE. Et vous?

LA GLANEUSE. Moi, j' la savons...

PIERRE. Si c'est possible... mon père vous est connu... ma mère...

LA GLANEUSE. Oh! vot' mère... hélas...

PIERRE. Quoi?..

LA GLANEUSE. N'en parlons pas... elle est...

PIERRE. Eh ben?..

LA GLANEUSE. Morte... pour vous... pour tous... et je ne saurions même vous enseigner sa tombe pour y aller prier...

PIERRE. Pauvre mère!.. oh! parlez-moi d'elle... elle devait être bonne...

LA GLANEUSE. Elle vous a abandonnée...

PIERRE. Oui, mais sans doute quelque force majeure... qui sait sa mort déjà peut-être...

1 Noël, la Glaneuse, Pierre.

LA GLANEUSE. Vous la défendez... vous l'exigez, merci pour elle... au moins quand elle vous délaissa... abandonnée elle-même par votre père... sans ressources, peut-être avait-elle la certitude que sur la route où elle vous plaça allait passer l'âme charitable qui vous recueillit...

PIERRE. Oui... c'est cela... Merci à votre tour à vous qui excusez ma mère...

LA GLANEUSE. Mais votre père...

PIERRE. Il existe encore?..

LA GLANEUSE. Oui.

PIERRE. Je pourrais l'embrasser?

LA GLANEUSE. Je l' croyons... mais n'ose vous faire espérer qu'il vous rendra le nom qu'il ne pouvait vous donner jadis...

PIERRE. Oh! n'importe, l'embrasser seulement, je devrais-t-il ne pas lui dire que je suis son fils, il m' suffira à moi d' savoir que j'embrassons mon père... Quand le verrai-je?

LA GLANEUSE. Tout de suite si vous voulez.

PIERRE. Si je le veux, mais y avons dix-sept ans; d'puis qu' j'avons l'âge de connaissance, que je désirons c'te suprême joie-là...

LA GLANEUSE. Venez donc...

PIERRE. Où est-ce?

LA GLANEUSE. Tout proche.

PIERRE. Vrai, dans le pays, j'l'avons peut-être vu, rencontré déjà, et mon cœur ne m' l'avont pas dit : méchant cœur!.. mon Dieu, pourvu que sans le connaître je n'l'ayons jamais offensé... oh! non, je ne sachons point avoir fait ni voulu du mal à personne, moi...

LA GLANEUSE. Bon Pierre!..

PIERRE. Mais venez donc, venez... Qu'avez-vous que vous me regardez de tous vos yeux?..

LA GLANEUSE. Si vous saviez...

PIERRE. Quoi donc?

LA GLANEUSE. Vous m' permettrez, pas vrai, d' vous embrasser aussi... si vot' père vous embrassont.

PIERRE. Si je le permettrai... Tenez... j' vous embrasse déjà pour la bonne espérance que vous m'apportez là .. (*Il l'embrasse.*)

LA GLANEUSE. Oh!.. (*A part.*) Qu' ça fait de bien et qu' ça fait d' mal (1)!..

NOEL, *qui a reparu au fond au moment où Pierre embrassait la glaneuse.* Cré diable!.. il étiont fièrement ben ensemble... ça marche, il a daubé dedans... (*Il disparaît à droite.*)

PIERRE. Mais j'y pense... si vous me trompiez... si c'était un piége...

LA GLANEUSE. Oh! pourquoi?..

PIERRE. Est-ce que j' savons... Mais non, c'est pas possible, vous m'avez dit vrai:.. c'est que, voyez-vous, j' sommes si heureux... qu' j'en oublions Blondette... J' reviendrai, n'est-ce pas?

LA GLANEUSE. Avant peu?

PIERRE. Blondette me pardonnera d'avoir voulu embrasser mon père... venez, venez...

LA GLANEUSE. Et ne pouvoir lui dire...

PIERRE. Venez donc. (*Il l'entraîne et sort avec elle par la gauche, Noël reparaît et les regarde s'éloigner.*)

SCÈNE VIII.

NOEL, *puis* BLONDETTE, MOISSONNEUSES.

NOEL. Et allez donc... les v'là partis, bon voyage, Pierre... le diable t'emporte et qu'il ne te rapporte pas... Maintenant faut voir à dresser mes batteries vers Blondette. C'est elle, attention! (*Blondette et les moissonneuses rentrent.*)

BLONDETTE (1). Oui, les travaux vont c'mmencer tout de suite... mais c' n'est point moi qui vous y guiderai... j' sommes encore trop peu forte... c'est Pierre qui déjà sans doute nous attend avec vos compagnons... non... je ne le voyons point...

NOEL. Qui que tu cherches là, Blondette?

BLONDETTE. Pierre!..

NOEL. Oh! Pierre est loin s'il court toujours... Tiens, mais non, pas si loin, qu'on ne puisse le voir encore. (*Il regarde du côté où sont sortis Pierre et la glaneuse.*)

BLONDETTE. Quoi! c'est lui que j' voyons là-bas... mais c'est pas l' chemin de l'assemblée des moissonneurs.

NOEL. Ça prouve que c' n'est point là qu'il va.

BLONDETTE. Où donc alors?

NOEL. Ah! dame!

BLONDETTE. Il n'est pas seul, qui qu'est donc avec lui?..

NOEL. Une femme.

BLONDETTE. Jeune?

NOEL. Non, vieille... mais y va p't'-être vers une jeune...

BLONDETTE. C'étiont pas vrai?..

NOEL. Possible... en tous cas c'étiont guère aimable à lui.. de te fausser partie au moment ousque va s'entamer la moisson de vot' mariage.

BLONDETTE. Il va revenir...

NOEL Passûr... Tiens, v'là qu'il tourne à gauche... c'étiont de moins en moins la route qu'il devrait suivre... On gagne Alais par là...

BLONDETTE. Qué qu'il irait y faire?..

NOEL. Alais est la route de partout... c'est le chemin de Paris, Alais.

BLONDETTE. Pierre m'abandonner... ah!.. (*A Noël.*) Vous voudriez me mettre le soupçon au cœur; mais vous n'y parviendrez point...

NOEL, *à part.* Non merci... avec ça qu'il n'y étiont point déjà...

1 Pierre, la Glaneuse.

1 Noël, Blondette, les Moissonneuses

BLONDETTE. Pierre va revenir... il sait bien qu'il faut qu'il soit là pour que l'on commence cette moisson après laquelle nous serons unis... personne ne pouvont l' remplacer...

NOEL. J' sommes à ton service... au même prix qu' Pierre...

BLONDETTE. Vous, Noël... Ah ! j' vois c' que c'est... vous n'avez point encore perdu tout espoir de me faire vot' femme et vous tâchez de m' brouiller avec Pierre...

NOEL. C'étiont-y moi ou lui qu'étiont parti avec une femme...

BLONDETTE. Vous voudriez qu' je n' l'aimions plus.

NOEL. C'étiont-y lui ou moi, qu'aviont pris une autre route que la celle en question...

BLONDETTE. Vous désirez enfin que notre moisson se retarde pour que notre mariage soyont retardé aussi.

NOEL. C'étiont-y lui ou moi qui ne reveniont point pour faire entamer le labeur.

BLONDETTE, *s'exaltant*. Malgré vous, malgré tous, elle se fera cette moisson, à défaut d' Pierre qu'alliont revenir, que des raisons majeures seules retardont à c' point...

NOEL. Crois ça et bois de l'eau !..

BLONDETTE. On va entamer le labeur sous ma conduite, suivez-moi...

NOEL. Blondette, arrête, jarni!.. il fait si chaud et t' es si faible...

BLONDETTE. Va-t'en, langue de serpent...

NOEL J' serions au désespoir de t' faire indisposer... j' vas remplacer Pierre et pour rien...

BLONDETTE. Toi, tu gâterais l'épi.. pour ruiner not' récolte...

NOEL. Ah! Blondette... j'étions point encore si méchant qu' ça...

BLONDETTE, *aux moissonneuses*. Venez, mes filles, venez... Noël a menti, Pierre va revenir...(*A Noël.*) Mais si t' as dit vrai, sois maudit. (*Elle entre dans le champ de blé en tête des moissonneuses et au comble de l'exaltation, puis disparaît à droite.*)

SCÈNE IX.

NOEL, *puis* LE PÈRE, LA MÈRE.

NOEL. Jarni!.. c' n'étiont pourtant point à Blondette que j' voulions du mal, moi... Bah ! ce n'étiont rien.... ça s' passera... la vexation d'abord, puis le mépris, puis l'oubli... c'est égal je sommes inquiet... Bah, étourdissons-nous ... j' sommes entré dans c'te voie, persistons-y..... Pierre est parti, j' l'ons compromis au vis-à vis d' Blondette. . n' me reste plus qu'à le détériorer dans les Casteras... les v'là; c'est le diable qui les envoie... j' suis sur la pente... au risque d' me casser le cou descendons jusqu'au bas au grand galop et sans y réfléchir. (*Le père et la mère Casteras rentrent.*)

LE PÈRE (1). C'est affaire convenue.

LA MÈRE. Dès la moisson finie j'emmenons nos enfants signer leur bonheur...

LE PÈRE. Où sont-ils?

LA MÈRE, *avisant Noël*. En v'là un...

LE PÈRE. Non, c'est Noël Prouvèze...

NOEL. Lui-même, père Casteras... Salut la compagnie... vous me voyez tout triste, t'nez...

LE PÈRE. Quéqu' t'as.

LA MÈRE. Est-ce qu'un malheur te seriont arrivé.

NOEL. Oh ! mes malheurs à moi ça m'affectont jamais beaucoup... j' sommes philosophe... mais les ceux des autres..!

LE PÈRE. De d' qui?

NOEL. J' peux pas vous dire... à vous surtout...

LA MÈRE. Imbécile... c'est nous dire ça, qu' c'est nous-mêmes qu' ça regarde,..

LE PÈRE. Vrai?..

NOEL. Au fait... d'ailleurs qu' vous l' sachiez tout de suite ou tard... c'étiont quasiment mêmement...

LA MÈRE. Voyons, que nous est-il arrivé? parle.

NOEL. pas un malheur violent... n' vous chagrinez point trop... mais voyez-vous, comme dit le proverbe, quand on est trop bon l' loup vous croque. .

LE PÈRE. Après...

NOEL. C'étiont bon d' faire des bienfaits... mais faut savoir encore vers qui qu' c'est qu'on les place.

LA MÈRE. Ensuite...

NOEL. Y a tant d'ingrats qu'un d' plus ou d' moins c'étiont pas fait pour étonner.

LE PÈRE. Qu'est-ce qu'il dit?...

NOEL. A vous dire le vrai... moi j' m'en doutions ben.

LA MÈRE. D' quoi...

NOEL. Qu'un jour ou l'autre ça seriont l' prix d' vos bons soins et de vot' amitié...

LE PÈRE. Ah çà, Noël... tu m' faisions monter... parle vite, ou sinon.... (*Il l'empoigne au collet.*)

NOEL. Aie! lâchez donc... qué qui vous prend?

LE PÈRE. Il m' prend... il me prend... qu' t'avions l'air de te gausser d' moi...

NOEL. M' gausser d'un homme d'âge... Oh! j'en sommes incapable... de vrai...

LA MÈRE. C't' ingrat que j'avons fait... qui qu' c'est-y...

NOEL. Vous v's en doutez ben... c'étiont Pierre.

LE PÈRE. Pierre... ingrat et en quoi?..

NOEL. En c' que d'puis longtemps il aviont en vie d' voir du pays, qu' l'occasion s'étiont présentée et qu'il l'aviont saisie... comme vous, moi, t' à l'heure au collet...

LA MÈRE. Pierre! mais il étiont dans l' champ.

NOEL. Lui, plus souvent, voyez donc voir... n'y a que des femmes et quant aux moissonneurs

1 La Mère, Noël, le Père.

qui deviont amener, pas plus venus qu'il n' reviendra.

LE PÈRE. Pas vrai... où et pourquoi Pierre serait-il parti?..

NOEL. Où... à Paris, qu' j' crois... (*La glaneuse reparaît au fond et écoute.*)

SCÈNE X.

LES MÊMES, LA GLANEUSE.

NOEL. Pourquoi? pour y r'trouver son père...

LE PÈRE. R'trouver son père à Paris... tu es fou... où aurait-il pris une lubie de ce genre.

NOEL. Dans les conseils d'une vieille glaneuse... quasi-sorcière, qui y a dit la bonne aventure et à qui qu'il a cru parce que ça l' flattait dans ses idées voyage...(*A part.*) Crédié, j'ai honte d'être si gredin que ça!..

LE PÈRE. S'il eût eu certitude de r'trouver son père, j' l'excuserions ben ; mais encore pourquoi n' pas m'en avoir parlé.

LA MÈRE. Eh! not' homme, regarde donc Noël, y mentiont, c'est sûr... il avont un pied d' rouge sur la figure...

NOEL. C'est la chaleur...

LE PÈRE. Si t'as menti, rétracte-toi, ou quand j' saurons le vrai de la chose, j' t'écrasons comme un scorpion... vrai!

NOEL. Ah mais non...

LA GLANEUSE (1). Noël n'a pas menti... maître...

NOEL. Ah! la v'là, c'est elle-même, la sorcière en question... S'il y a fraude, c'est sur elle que tout doit r'tomber...

LA GLANEUSE. J' vous l' répète.. en croyant mentir, Noël s'est trouvé dire le vrai .. Pierre en effet a été vers son père... son père qui l'a bien voulu reconnaître et entre les bras de qui il est en ce moment.

LE PÈRE. Est-ce t'y possible!..

LA MÈRE. Pierre est près d' son père...

NOEL. A Paris...

LA GLANEUSE. A Aigues-Vives même, au moulin du Vistre.

NOEL. A not' ferme... Ah! gueusard... imbécile... crétin... (*Il se donne un soufflet, puis se sauve en courant du côté où sont sortis Pierre et la glaneuse.*)

SCÈNE XI.

LA GLANEUSE, LE PÈRE, LA MÈRE, *puis* BLONDETTE, MOISSONNEUSES.

LE PÈRE (2). Par quel hasard?

LA MÈRE. C'est Dieu qui récompense Pierre d'être bon et brave comme il est.

LA GLANEUSE. Oui, Dieu a tout conduit, et j' le r'mercions d' m'avoir choisie pour cette révélation...

LE PÈRE. Qui êtes-vous donc?..

LA GLANEUSE. Mieux vaut ne pas l' savoir, allez. (*Rumeurs dans le champ de blé. — Cris au secours poussé par les moissonneuses.*)

LE PÈRE (1). Qué qu' c'est qu' ça? (*Il remonte ainsi que les autres.*)

LA MÈRE. Ah! mon Dieu! un accident vient d'arriver dans notre champ... quelque femme qui s' s'ra blessée... Ses camarades l'amènent ici. (*Les moissonneuses entrent portant Blondette. Elles vont la déposer sur le tertre.*)

LE PÈRE, *la reconnaissant* (2). Not' fille!

LA MÈRE. Blondette! (*Elle se jette aux pieds de Blondette évanouie, elle et le père cherchent à la faire revenir. — Groupes. — Tableau.*) Qu'est-ce qu'est donc arrivé? bon Dieu!

UNE MOISSONNEUSE. Vot' demoiselle aviont voulu travailler dès quand nous, et comme elle étiont faible, la chaleur l'avions abattue drès tout d' suite, et, dame, elle s'a pâmée près de moi qu' j'avions à peine donné quatre à cinq coups d' faucille.

LE PÈRE. J' l'avions prévu que l' travail, si faible qu'il soit, lui seriont funeste.

LA MÈRE. La v'là qui r'veniont à elle. Blondette, ma fille...

LE PÈRE. Comment qu' tu t' sentions...

BLONDETTE, *revenant à elle et d'un air égaré et brusque.* Eh ben! que faites-vous donc là tous?.. le travail est interrompu et la moisson... et not' mariage, c'est-y ainsi qu'y s' front.

LA MÈRE. Bon Dieu! c't' air égaré!

LE PÈRE. Elle aviont la fièvre chaude...

BLONDETTE, *se levant tout à coup et descendant en scène.* Venez donc.. Vous n' voulez pas me suivre, j'irai seule... une faucille, une faucille, j' suffirai bien à tout l'ouvrage.

LA MÈRE. Blondette, j' t'en prions, n' me regarde pas de c't' air dur et fou... tu m' fais trop de peine.

BLONDETTE. Qu'est-ce donc?.. qu'avez-vous?.. voulez-vous aussi, vous, entraver notre union avec Pierre... me faire le soupçonner... j' vous crois point... j' vous crois point... (*Elle veut s'élancer vers le champ ; son père l'arrête.*)

LE PÈRE. Voyons, m'n'enfant, sois raisonnable.

BLONDETTE. Oh! les méchants... ils s'étiont tous ligués pour défaire not' bonheur... mais l' blé va se brûler... se perdre... et Pierre... si quand il reviendra il n' voyont pas la moisson faite, il pourra croire aussi que j' l'avons oublié!..

LA MÈRE. Qué malheur!

BLONDETTE. Car soyez satisfaits... vos méchan-

1 La Mère, Noël, la Glaneuse, le Père.
2 La Mère, la Glaneuse, le Père.

1 La Mère, le Père, la Glaneuse, ils remontent et regardent à gauche.
2 Le Père, Blondette, la Mère, la Moissonneuse, la Glaneuse, les autres Moissonneuses sont groupées autour de Blondette.

t'es paroles, j' les ons crues... j' veux pas vous l' laisser voir, vous seriez trop contents, mais ça m' déchiriont l'âme...

LE PÈRE. On t'a dit que Pierre t'oubliait... qui donc ça?

BLONDETTE. Vous, pardi... vous... vous tous... oh! mauvais que vous êtes! mauvais!... mais l' plus méchant encore, c'est Pierre... qué que j'y avons donc fait, mon Dieu, pour qui m'oublie... oh! mais il reviendra.., mon Dieu. (*S'agenouillant.*) N'est-ce pas, mon Dieu, qu'il reviendra?

Air : *Enfants, n'y touchez pas.*

Il ne saurait oublier notre enfance,
Où nous n'avions qu'un cœur, une même existence;
Où je souffrais de sa moindre souffrance,
Où son plaisir
Me faisait m' réjouir,
Pas plus qu' l'épi n'oublie
L' rayon qui le mûrit;
Et l'oiseau le doux nid
Dans l'quel il reçut la vie,
Jamais il n' m'oublira
Mon Pierre il reviendra.

(*Elle reste à genoux et prie.*)

LE PÈRE. Ah! la v'là qui reprenont du sens..,

LA MÈRE. Non, ma Blondette, non, Pierre ne t'oubliera pas... il va revenir, Pierre..

BLONDETTE, *se relevant brusquement.* Eh ben alors... venez donc finir la moisson. (*Elle s'élance vers le fond, mais la force l'abandonne; elle tombe entre les bras de sa mère.*)

SCÈNE XII.

LES MÊMES, *puis* NOEL.

LA MÈRE. Oh! not' pauvr' fille, not' pauvr' Blondette, alle étiont bien malade. (*Noël reparaît.*)

LE PÈRE. Et Pierre qui ne revient pas (1).

NOEL. Pierre .. il va revenir... il est chez son père... oh! j' sis content, je n' le déteste pus, au contraire... Ciel! Blondette évanouie!

LE PÈRE. Pierre, en s'éloignant, l'a tuée...

NOEL. Oh! (*A part.*) C'étiont moi qu'avions fait c' malheur... oh! gueusard... mais je l' réparerai, ou sinon, j'en jure, j' m' tuons comme un chien. (*Sans faire attention à Noël, tout le monde s'empresse autour de Blondette évanouie. — Tableau.*)

(1) Le Père, Blondette, la Mère, Noël, la Glaneuse, au deuxième plan, les Moissonneuses, autour de Blondette.

FIN DU DEUXIÈME ACTE.

ACTE TROISIÈME.

Même décor qu'aux deux autres actes, seulement la moisson est faite, le blé est couché à terre, il n'en reste plus debout qu'une faible portion que Noël est en train de couper.

SCÈNE PREMIÈRE.

NOEL, MOISSONNEURS.

UN MOISSONNEUR. Laissez donc faire, maître Noël, puisque j'avons fini la tâche que vous nous aviez donnée, j' pouvons bien achever la vôtre à c' t' heure...

NOEL. J' voulons pas; allez oùsque vous vous rendiez quand j' vous ons arrêté au passage pour vous forcer à moissonner c' carré... j' voulons terminer ça tout seul ..

LE MOISSONNEUR. A votre aise... mais à qui s'adresser pour le paiement d' not' labeur?..

NOEL. A moi... t'nez... (*Il lui jette une bourse de cuir.*)

LE MOISSONNEUR, *l'ouvrant.* Tout ça pour deux heures de travail...

NOEL. C'est pas assez?..

LE MOISSONNEUR. C'est d' trop...

NOEL. Eh ben alors, de quoi qu' tu t' plains... filez!..

LE MOISSONNEUR. V's'étions généreux ce jour.

NOEL. J'ons mes raisons, va-t'en!..

LE MOISSONNEUR. Au reste, vous n'y perdrez rien... maître Noël... j'allons boire à vot' bonne santé le superflu de c't' argent-là.

NOEL. A ma santé... non point; à celle de Blondette...

LE MOISSONNEUR. Elle étiont donc malade?..

NOEL. Qué qu' ça te fesons... décampe...

LE MOISSONNEUR. J' décampons... à revoir, maître Noël. (*Il sort ainsi que les autres moissonneurs.*)

SCÈNE II.

NOEL, *seul.* Elle en avont plus d'besoin qu' moi, la pauvre... depuis deux heures qu'elle étiont partie toute pâmée entre les bras de sa mère, comment qu'elle devont se trouver... les coups de soleil, c'est que c'est mortel cheux nous... si ce n'est sa vie, c'est sa raison qu'on y laisse... et j' n'osons point aller chercher de ses nouvelles; d'un autre côté, j' sommes dévoré du désir d'aller trouver Pierre, mon frère... car c'est mon frère; à gauche, c'est vrai, mais je l'aimions tout autant qu'à droite... c'est drôle, je n'étions donc plus méchant du tout; que la venue de ce frère-là, qui me rogne la moitié de mon bien et de l'affection de mon père, n' m'inspiriont là qu'amour et joie... eh non, le cœur est bon, c'est la tête, c' te gueuse de caboche qu'a tout fait... aussi, pour te punir, maître Noël, tu n'iras ni revoir ton frère, ni t'informer de Blondette, que ne soit terminé par toi-même c'te moisson que t'a voulu gêner. (*Remontant vers le champ et se remettant à travailler.*) Allons, pioche, gredin; allons, pioche, canaille; dusses-tu toi-même y prendre la fièvre chaude... ça serait bien fait, t'aurais ce que tu mérites. (*Il se remet à moissonner.*)

SCÈNE III.

NOEL, LA GLANEUSE.

LA GLANEUSE, *entrant*. Bon Dieu, pourra-t-on la sauver?

NOEL, *travaillant toujours*. Te v'là, toi, mauvais génie, qu'est venu te placer sur mon chemin pour m'inspirer c'te pensée désastreuse.

LA GLANEUSE. Alles l'auriont été plus encore, si j'eusse fait à la lettre ce que tu m'ordonnais, Noël.

NOEL, *même jeu*. C'est vrai, sans toi j' serions ben plus coupable encore, et même je te devons, ainsi que Pierre, des actions de grâce pour nous avoir réunis; sans toi, je ne l'aimerais point comme frère, et je le détesterais comme rival. Merci à toi.

LA GLANEUSE. Merci à Dieu!

NOEL, *qui a fini son travail*. Voilà ce que c'est... mais dis donc, la vieille, comment donc qu' c'est que t'as découvert le secret de la naissance de Pierre, et que t'as pu prouver à papa que c'étiont ben son fils?

LA GLANEUSE. As-tu méfiance?

PIERRE. Oh! non point, car le père il était trop convaincu et trop content pour que ce ne soit point vrai; quand j' sommes arrivé il tenait Pierre dans un bras, comme ça sur son cœur; oh! d'abord j' sentis là comme un mouvement de jalousie, mais le père me tendant son autre bras, m' dit: ne veux-tu pas venir aussi là, toi mon Noël, je m'y précipitai; une fois là, nous serrant tous deux sur sa poitrine, Noël, qu'il rajouta, c'ti-là, vois-tu, c'étiont mon fils, pour toi un étranger; j' sais ben, et il restera tel quel si tu le veux, c'est ton droit légitime; mais j' serais ben content si de bon cœur tu voulais l'accepter pour frère, toi et lui ça m' ferait deux bâtons de vieillesse, j' répondis pas, j' pleurais; une révolution s'étiont faite en tout moi, je n'eus que la force de prendre leurs deux têtes et de les embrasser. Oh! mais dame, comme on n' embrasse, ben sûr, qu'une fois dans sa vie.

LA GLANEUSE, *lui tendant la main*. Tu es bon.

NOEL, *la lui serrant*. Ça va bien, merci... C'est après ça que j'avons pris mes jambes à mon cou pour venir apprendre à Blondette; mais j'y pense, c'te pauvre Blondette, vous en venez, vous, comment qu'a va?

LA GLANEUSE. Bien mal...

NOEL. De vrai...

LA GLANEUSE. Pas encore revenue à elle.

NOEL. Depuis deux heures, qu'elle étiont évanouie... y a-t-il au moins un médecin près d'elle?

LA GLANEUSE. Je ne croyons pas.

NOEL. Faut n' n'aller chercher un.

LA GLANEUSE. Où çe?

NOEL. A Nîmes, c'est là qui sont les bons.

LA GLANEUSE. Si loin!

NOEL. Le fait est qu'elle aurait le temps de mourir dix fois devant qui ne vienne; ah! mais j'y pense, y en avons un qu'avons son mazet en ce pays, y y étions peut-être, allez-y voir, c'est cher; vingt francs la pose que j' crois, ça ne fait rien, c'est moi que je paie. (*Vidant ses poches dans les mains de la glaneuse.*) T'nez v'là mon reste, payez d'avance, mais qu'i vienne, oh! qu'i vienne!

LA GLANEUSE. C'est bien, ce que vous faites là. Noël.

NOEL. Eh! ce n'étiont que pour moi que j'agissions, car c'est convenu, si on ne la sauve pas, mon compte est fait.

LA GLANEUSE. J'y cours. (*Elle sort.*)

SCÈNE IV.

NOEL, *puis* PIERRE.

NOEL. Je commençons à me restimer, mais c'est égal ce n'étiont pas assez.

PIERRE, *en dehors* (1). Noël! Noël!

NOEL. Qui donc qui m'appelle? Ah! c'est Pierre!

PIERRE, *entrant*. Eh ben! frère, quéque tu fais donc là?

NOEL. Mais j' prenons le frais.

PIERRE. De c't' chaleur; tu es seul, comment se fait-il? (*Remarquant que le blé est coupé.*) Ah! je comprends, la moisson est finie; qui donc m'a remplacé... toi?

NOEL, *embarrassé*. Oui... moi...

PIERRE. Un nouveau témoignage de ta bonté et de ton affection, que je te dois de reconnaissance!

NOEL. Pas tant qu' ça.

PIERRE. En un seul jour, que de bonheur!

NOEL. Du bonheur.

PIERRE. Un père retrouvé, un bon père, un frère; tu m'as permis de te donner ce nom, Noël.

NOEL. Oh! oui.

PIERRE. Un frère que je chéris.

NOEL. Et qui te le rend ben, va!

PIERRE. Une fiancée que j'adore et que j'épouserai sûrement, puisque la moisson est finie.

NOEL, *à part*. Il me rompt le cœur.

PIERRE. Oh! j'ai des envies de chanter, de rire, de danser... j'eus bien des chagrins dans ma vie, mais ce jour les efface tous... et je défie bien le sort de me faire une douleur plus forte que n'est ma joie en ce moment.

NOEL. Ne le défie pas, Pierre, oh! ne le défie pas! (*Il tire son mouchoir et s'essuie furtivement les yeux.*)

PIERRE. Qu'as-tu donc, tu pleures?

NOEL. Moi, jamais. (*Il se mouche.*)

PIERRE. Si, vraiment, des pleurs coulent de tes yeux, des pleurs de joie sans doute, comme les miennes?

NOEL. Oui... de joie.

(1) Pierre, Noël.

PIERRE. Allons, viens, viens chercher Blondette, Notre père veut la voir, viens.

NOEL. Blondette, pourquoi?

PIERRE. Pourquoi? mais elle nous attend! et même elle doit m'en vouloir, si elle ne sait pas mon bonheur!

NOEL. Non elle ne t'en veut pas, mais à ta place moi, je n'irions point... tout d' suite du moins.

PIERRE. A cause donc?

NOEL. A cause... à cause... (*A part.*) Qu'y dire? (*Haut.*) R'tourne toi z'en plutôt chez le père, j' vas y aller moi et p't'-être ben que je te l'amènerons.

PIERRE. P't-être ben, pourquoi donc p't-être ben?..

NOEL. Pour rien.

PIERRE. Oh! si fait, pour quéque chose. Voilà encore tes yeux qui débordont d' larmes, et puis ton air embarrassé, contraint... y a quéqu' chose mon Dieu... quéque malheur... tu ne me dis pas non... c'est donc oui, un malheur, arrivé à qui, à Blondette?.. Tu te tais encore!

NOEL. Écoute, Pierre, elle a voulu moissonner, et déjà si faible qu'elle était...

PIERRE. Une rechute... et sa mère qui disait qu'une rechute pourrait l'emporter... Elle est ben malade?

NOEL. Calme-toi!

PIERRE. Elle est morte peut-être?..

NOEL. Ah! j' crois pas.

PIERRE. Tu n' crois pas, mais c'est donc possible... oh! mon Dieu! (*Une cloche sonnant l'angelus se fait entendre au loin.*)

NOEL. Non, non, Pierre, elle n'étiont pas morte.

PIERRE. Si fait, si fait, n'entends-tu pas cette cloche... cette cloche qui sonne au loin, c'est pour elle! Prions, Noël, prions. (*Ils s'agenouillent.*)

NOEL. Non, mais non, c'est l'angelus.

PIERRE. Oui, l'angelus des morts... n'était cela, la cloche serait joyeuse et folle, tandis qu'elle est triste, lugubre, elle se plaint, elle gémit, elle pleure... Blondette!.. (*Les sanglots l'étouffent, et toujours à genoux, il se cache la tête dans les mains.*)

NOEL. Pierre, voyons, je t'en prie... (*A ce moment, comme une apparition, entre Blondette, l'air encore égaré mais calme. Forté à l'orchestre. La cloche s'interrompt tout à coup; Noël, l'apercevant, pousse un cri.*) Ah! vois donc, Pierre, vois donc, ce n'était pas l'angelus des morts.

PIERRE, *relève la tête et, l'apercevant, court à elle.* Blondette!

SCÈNE V.

LES MÊMES, BLONDETTE.

PIERRE, *à Blondette* (1). Te v'là donc enfin, mon cher ange! Qu'est-ce que Noël me disiont donc, j'en étions à te croire perdue pour moi, pour tous.

BLONDETTE. Chut! taisez-vous! ils viennent peut-être.

PIERRE. Qui donc ça?

BLONDETTE. Et ils me forceraient à les suivre... car vous ne savez pas, ils m'avaient enfermée.

PIERRE. Que dit-elle?

NOEL. Je le voyons ben, sa tête n'est pas encore remise.

BLONDETTE. Mais j'ai trompé leur vigilance; je me suis échappée par la fenêtre, et j'accourons ici pour finir la moisson... Vous m'aiderez, n'est-ce pas?..

PIERRE. Ce langage... Tu ne me reconnais donc pas?.. J'ai peur de comprendre... sa raison...

NOEL. Elle ne l'aviont plus, mon pauvre Pierre.

PIERRE. Ciel!

NOEL. C'est ça que j'hésitions à t'apprendre; mais y avons de l'espoir, elle étiont ben pus calme à c'te heure.

PIERRE. Blondette folle!

BLONDETTE. Venez, ne tardons pas plus longtemps... la nuit va venir... l'angelus a sonné, et j' voulons que ce soir même tout l' champ soit fauché.

PIERRE. Mais il l'est, ma Blondette; il l'est, regarde donc.

BLONDETTE. Vous ne dites pas la vérité. Comment le serait-il? Pierre n'était pas là pour diriger le travail, et moi, les forces m'ont manqué... car vous ne savez pas, Pierre, il ne m'aimont plus... il m'avont oubliée, abandonnée...

PIERRE. Mais non, me voilà... j' suis Pierre... Blondette, reconnais-moi!

BLONDETTE. Vous Pierre! oh! non, Pierre étiont parti pour Alais... et d'là il doit gagner Paris.

PIERRE. Qui a pu lui dire cette chose?

NOEL. Moi, frère, c'est moi... Pardonne-moi, car j' me repentons bien.

PIERRE. Ah! tu as détruit mon bonheur!

BLONDETTE. Allons, venez. (*Elle entraîne Pierre jusqu'au champ. Poussant un cri joyeux.*) Ah! c'étiont vrai, la moisson est faite!.. Quel bonheur! je pourrons me marier. (*Ramassant quelques épis et en faisant une petite gerbe* (1).) Faites comme moi, voulez-vous? faites une gerbe comme j'en fais une... celle-ci, je la donnerai à mon fiancé, la vôtre, mon fiancé me la donnera, et ce fiancé-là, ce sera vous.

PIERRE. Moi?..

NOEL. Ca serait-il un jeu... te reconnaîtriont-elle enfin?..

BLONDETTE. Oui, vous, car puisque Pierre m'a oubliée, je veux qu'il croie que je l'oublie aussi... nous nous marierons dès demain...

(1) Noël, Pierre, Blondette.

(1) Noël, Blondette, Pierre.

NOEL. Hélas ! elle divague toujours.

BLONDETTE. Je ne vous promets pas mon amour, il l'a emporté avec lui, mais vous aurez une honnête femme, incapable de vous tromper, même pour lui, s'il revient jamais.

PIERRE. Mais, Blondette, regarde-moi donc, c'est moi, je n'ai jamais songé à te quitter, je t'aime plus que jamais.

BLONDETTE. Vous ne voulez pas accepter, n'importe? Oh ! je ne tiens pas plus à vous qu'à tout autre. (*Allant à Noël.*) Et monsieur la prendra cette gerbe.

NOEL. Moi... je...

BLONDETTE, *le reconnaissant.* Ah! c'étiont lui, Noël Prouvèze, mon mauvais génie. (*Elle court effrayée se réfugier sur le tertre* (1).

NOEL. Elle m'appelle son mauvais génie, c'est bon signe, elle me reconnait.

PIERRE. Elle faiblit, Noël, cours au village, cours vite, les soins de sa mère lui sont indispensables. (*Il conduit Blondette au tertre où il la fait asseoir.*)

NOEL. J'y vas, tiens, mais les v'là tous deux. J' vous laissons ensemble, moi qui n' sommes bon à rien qu'à l'effrayer de d' plus en plus; j'allons au-devant du médecin qu' j'ons envoyé quérir... (*Il sort au moment où le père et la mère entrent.*)

SCÈNE VI.

LES MÊMES, LE PÈRE ET LA MÈRE.

LA MÈRE (2). Blondette, avez-vous vu Blondette ?

PIERRE. La voici. (*La mère court à elle, et ainsi que Pierre, lui prodigue des soins.*)

LE PÈRE. Un seul instant, je l'avons laissée seule pour aller quérir assistance, et à notre retour plus personne; pourvu que c'te nouvelle sortie ne l'ait pas empirée.

LA MÈRE. Au contraire, la fraîcheur du soir lui avont fait du bien, que je crois.

LE PÈRE. Oui, elle étiont plus calme, son regard est moins égaré.

PIERRE. Si Dieu voulait qu'elle nous reconnaisse enfin.

LE PÈRE. Et pas de médecin dans le pays !

PIERRE. Noël en est allé chercher un; mais il n'arrive pas.

SCÈNE VII.

LES MÊMES, LA GLANEUSE.

LA GLANEUSE (3). Il va venir, je lui ons expliqué tout, et il m'a rassurée ; ce n'est rien, qu'il a dit à moi et à Noël, qu' j'ons laissé avec lui, et par queuque chose que j'imagine, je me charge de lui rendre la raison.

PIERRE, *allant à elle.* Il a dit ça, oh ! merci, mais pourquoi donc qu'il n'est pas venu avec vous?

LA GLANEUSE. Exprès pour préparer son imagination.

LA MÈRE. Chut! taisez-vous, il semble qu'elle voulont me parler.

BLONDETTE. Ma mère ! c'est toi !

LA MÈRE. Ah ! elle m'a reconnue.

LE PÈRE. Et moi, fille ?

BLONDETTE. Bonjour, mon père. (*Elle l'embrasse.*)

PIERRE. Et moi, Blondette, et moi?

BLONDETTE. Vous, mais vous savez bien que c'est vous que j'épouserai à la place de Pierre.

PIERRE, *désolé.* Moi seul, moi seul, elle ne me reconnaît pas...

BLONDETTE. Mais non, au fait, vous m'avez refusée.

LA MÈRE. Et ce médecin, mon Dieu ! ce médecin qui n'arrive pas !

NOEL (1). Le voici.

LA MÈRE. Enfin !

BLONDETTE. Personne ne voudra donc plus d' moi, maintenant; des fiancés je n'en trouverai donc plus?

SCÈNE VIII.

LES MÊMES, UN DOCTEUR.

LE DOCTEUR (2). Si fait, Mademoiselle, et je vous en amène un, moi.

TOUS. Que dit-il ? (*Blondette regarde le docteur avec curiosité.*)

LE PÈRE. Y a-t-il de l'espoir?

LA MÈRE. La sauverez-vous?

PIERRE. C'est moi qui suis Pierre, Monsieur, oh! faites qu'elle me reconnaisse.

BLONDETTE, *au docteur.* Ce fiancé, c'est (3).... ?

LE DOCTEUR. L'un de mes protégés, et puisqu'il vous est indifférent d'épouser tel ou tel garçon...

BLONDETTE. Oh! certainement, car ce n'est que pour faire croire à Pierre que je puis l'oublier aussi... il n'y en a qu'un seul pourtant... oh! celui-là, je le hais trop! il m'a fait tant de mal.

PIERRE, *au docteur.* Eh bien?

LE DOCTEUR. J'en réponds, laissez faire. (*Il remonte au fond et fait un signe auquel le chœur suivant répond.*)

1 Blondette, Pierre, Noël.

2 La Mère, Blondette, le Père, Pierre

3 La Mère, Blondette, le Père, Pierre, la Glaneuse.

1 La Mère, Blondette, le Père, Pierre, Noël, la Glaneuse.

2 La Mère, Blondette, le Père, Pierre, le Docteur, Noël, la Glaneuse.

3 Le Père, la Mère, Blondette, le Docteur, Pierre, la Glaneuse.

CHŒUR, *au dehors.*

Quel beau jour de fête,
Pour tout le canton,
Qu'ici d' la musette;
Retentisse le son,
Qu'en ce lieu chacun vienne,
Pour élire la reine
De la moisson.

(*Blondette qui a écouté avec attention tressaille.*)

BLONDETTE. Quel est ce chant?

LE DOCTEUR. Celui des moissonneuses qui viennent vous élire reine de la moisson, et qui en même temps vous amènent votre fiancé.

SCÈNE IX.

LES MÊMES, NOEL, MOISSONNEURS, MOISSONNEUSES.

REPRISE DU CHŒUR (1).

(*Noël est entré derrière les Moissonneurs, et sur un signe du docteur va se placer à l'extrême droite, à l'opposé de Blondette.*)

NOEL. *Il a un bouquet de marié à sa boutonnière.* Pourvu que la rubrique réussisse, ça me blanchirait tout à fait ça. (*Musique jusqu'au baisser du rideau. Après le chœur tous les moissonneurs ont entouré Blondette, qui semblant tout à coup reprendre conscience de la situation présente, se lève et reçoit l'hommage des moissonneuses qui lui remettent chacune un épi, la dernière d'entre elles met sur la tête de Blondette une couronne d'épis aussi.*)

BLONDETTE. Merci, chères compagnes, merci de vos hommages, merci de vos présents, le sceptre que vous me mettez en main ne vous sera pas dur, je le jurons; votre couronne, je l'accepte, et avec elle les devoirs qu'elle m'impose; si la moisson a été belle, merci à Dieu, si elle s'est bien faite; merci à vous; deux jours durant notre grange sera ouverte, et il sera donné pour vous, à chacun de vos petits enfants, sa charge de blé mûr. Puisse Dieu bénir notre moisson prochaine, comme il a béni celle-ci!

LE PÈRE. Mais c'étiont le discours ordinaire.

LA MÈRE. Elle se le rappelle.

PIERRE. Elle est sauvée, Blondette!

BLONDETTE, *à Pierre.* Encore vous, mais laissez-moi donc.

PIERRE. Toujours méconnu, ah!

BLONDETTE, *au docteur.* Et maintenant, Monsieur, où est-il, ce fiancé, que je lui donne à mon tour cette couronne, qui va lui promettre ma main.

PIERRE. C'est moi, docteur, n'est-ce pas, c'est moi?

LE DOCTEUR. Silence. (*Il écarte la foule des moissonneurs, va à Noël et le prend par la main.*)

NOEL, *à part.* Pourvu qu'elle me détestiont toujours.

LE DOCTEUR (1). Votre fiancée, Blondette, le voici. (*Il lui amène Noël, Blondette sans regarder encore Noël en face, ôte sa couronne de dessus sa tête et la lui offre; Noël tend la main, à ce moment elle l'examine et pousse un cri.*)

BLONDETTE. Noël Prouvèze, encore, toujours lui, je ne voulons point.

NOEL, *saisissant sa main et faisant mine de l'entraîner.* Mais je voulons moi.

BLONDETTE. Ma mère, mon père, protégez-moi!

LE DOCTEUR (2). Ne bougez pas.

NOEL. Venez, Blondette.

BLONDETTE. Non, non, Pierre. (*Pierre s'approche elle le reconnaît tout à coup, et dégageant violemment ses mains de celles de Noël va se précipiter dans les bras de Pierre.*) Pierre, sauve-moi (3)!

PIERRE. Ah! elle me reconnaît.

LE DOCTEUR. Elle est sauvée.

NOEL. J' sommes acquitté. (*Tableau. Blondette vaincue par l'émotion est près de Pierre, le père, la mère et le docteur, à gauche, la glaneuse seule à l'écart.*)

LA GLANEUSE, *à part.* Ils seront heureux, je n'ai plus rien à faire ici, moi, j'ons bien promis à son père, à moi-même de ne jamais me faire connaître. Partons; adieu, Pierre, adieu, mon fils. (*Elle sort.*)

BLONDETTE. Mon Dieu! que s'est-il donc passé? il me semble que je me réveille, j'ai bien souffert, mais je ne souffre plus, je suis heureuse, autour de moi tous ceux que j'aime, mon père, ma mère, et Pierre.

LE PÈRE (4). Qui demain sera ton mari?

PIERRE, *tendant la main à Noël et l'attirant vers Blondette.* Et de plus Noël, Blondette, que je te prie d'aimer, c'est mon frère.

BLONDETTE. Vrai, ah! oui, comme sœur, j' voulons bien vous aimer, Noël.

NOEL. Merci bien. (*A part.*) Désormais j' serons bon pour tout le monde, ça fait trop de mal d'être méchant.

(*Tableau dominé par la glaneuse qui gravit péniblement le chemin du fond, elle s'arrête, les contemple, et envoie un dernier baiser à Pierre et à Blondette.*)

1 Le Père, la Mère, Blondette, le Docteur, Noël, un peu au fond, Pierre, la Glaneuse, les Paysans, au fond.

1 Le Père, la Mère, Blondette, Noël, le Docteur, Pierre, la Glaneuse, les Chœurs, au fond.

2 Le Père, la Mère, le Docteur, Blondette, Noël, Pierre, la Glaneuse.

3 Le Père, la Mère, le Docteur, Noël, Blondette, Pierre, la Glaneuse.

4 Le Père, la Mère, Blondette, Pierre, Noël, la Glaneuse, sur la montagne; les Paysans les entourent.

FIN.

LAGNY. — IMPRIMERIE DE VIALAT ET Cie.

EN VENTE CHEZ LE MEME ÉDITEUR :

L'Aïeule. 75
Un Monstre de Femme. 50
La Jeunesse de Charles Quint. 60
Le Vicomte de Létorières. 60
Les Fées de Paris. 60
Pour mon fils. 60
Lucienne 50
Les jolies Filles de Stilberg. 50
L'Enfant de Chœur. 50
Le Grand Palatin. 60
La Tante mal gardée. 50
Les Circonstances atténuantes. 50
La Chasse aux Vautours 50
Les Batignollaises. 50
Une Femme sous les Scellés. 50
Les Aides de Camp. 50
Le Mari à l'essai. 50
Chez un Garçon. 50
Jaket's-Club 50
Mérovée. 60
Les deux Couronnes. 60
Au Croissant d'Argent. 50
Le Château de la Roche-Noire. 50
Mon illustre Ami 50
Talma en congé. 50
L'Omelette Fantastique. 60
La Dragonne. 60
La Sœur de la Reine. 60
La Vendetta. 60
Le Poète. 50
Les Informations Conjugales. 50
Le Loup dans la Bergerie. 50
L'Hôtel de Rembouillet. 60
Les deux Impératrices. 60
La Caisse d'Épargne. 60
Thomas le Rageur. 50
Derrière l'Alcôve. 50
La Villa Duflot 50
Péroline. 50
La Femme à la Mode. 50
Les égarements d'une Canne et d'un Parapluie. 60
Les deux Anes. 50
Foliquet, coiffeur de Dames. 50
L'Anneau d'Argent. 50
Recette contre l'Embonpoint. 60
Don Pascale. 50
Mademoiselle Déjazet au Sérail. 50
Toubouhi le Cruel. 50
Hermance. 60
Les Canuts. 50
Entre Ciel et Terre. 50
La Fille de Figaro. 60
Métier et Quenouille. 60
Angélique et Médor. 50
Loïsa. 60
Jocrisse en Famille. 60
L'autre Part du Diable. 50
La Chasse aux Belles Filles. 60
La Salle d'Armes. 50
Une Femme compromise. 60
Patineau. 50
Madame Roland. 60
L'Esclave du Camoëns 50
Les Réparations. 50
Mariage du Gamin de Paris. 60
Veille du Mariage. 50
Paris bloqué. 60
Un Ménage Parisien. 1 »
La Bonbonnière. 50
Adrien. 50
Pierre le Millionnaire. 60
Carlo et Carlin. 60
Le Moyen le plus sûr. 50
Le Papillon Jaune et Bleu. 50
La Polka en province. 60
Une Séparation. 50
Le roi Dagobert. 60
Frère Galfâtre 60
Nicaise à Paris. 50
Le Troubadour-Omnibus. 50
Un Mystère. 60
Le Billet de faire part. 60
Pulcinella. 60
Fiorina. 60
La Sainte-Cécile. 60
Follette. 50
Deux Filles à Marier. 60
Monseigneur. 60
A la Belle Etoile. 50
Un Ange tutélaire. 50
Un Jour de Liberté 60
Wallace. 60
L'Ecolier d'Oxford. 50
L'Oiseau du Bocage. 50
Paris à tous les Diables 60
Une Averse. 50

Madame de Cérigny. 60
Le Fiacre et le Parapluie. 50
Morale en action. 50
Liberté Libertas. 60
L'Ile du Prince Toutou. 50
Mimi Pinson. 60
L'Article 170. 60
Les Viveurs. 60
Les deux Pierrots. 60
Seigneur des Broussailles. 60
Deux Tambours. 50
Constant la Girouette. 50
L'Amour dans tous les Quartiers de Paris. 60
Madame Bugolin. 50
Petit Poucet. 60
Camoëns. 60
Escadron Volant de la Reine. 60
Le Lansquenet. 50
Une Voix. 50
Agnès Bernau. 60
Amours de M. et Mme Denis. 60
Porthos. 60
La Pêche aux Beaux-Pères. 60
Révolte des Marmousets. 50
Le Troisième Mari. 60
Un premier Souper de Louis XV. 50
L'Homme et la Mode. 60
Une Confidence. 60
Le Ménétrier. 60
L'Almanach des 15,000 Adresses. 60
Une Histoire de Voleurs. 50
Les Murs ont des Oreilles. 60
L'Enseignement Mutuel. 60
La Charbonnière 60
Le Code des Femmes. 60
On demande des Professeurs. 50
Le Pot aux Roses. 60
La Grande Bourse et les Petites Bourses. 50
L'Enfant de la Maison. 60
Riche d'Amour. 60
La Comtesse de Moranges. 60
L'Amazone. 50
La Gloire et le Pot-au-Feu. 60
Les Pommes de terre malades. 60
Le Marchand de Marrons. 60
V'là ce qui vient d' paraître. 60
La Loi salique. 60
Nuage au Ciel. 60
L'Eau et le Feu 50
Beaugaillard. 50
Mardi Gras. 60
Le Retour du Conscrit. 50
Le Mari perdu. 60
Dieux de l'Olympe à Paris. 60
Le Carillon de Saint-Mandé. 50
Geneviève. 60
Mademoiselle ma Femme. 50
Mal du Pays. 50
Mort civilement. 50
Garde-Malade. 60
Fruit défendu. 50
Un Cœur de Grand'Mère. 50
Nouvelle Clarisse Harlowe. 60
Place Ventadour. 60
Nicolas Poulet. 50
Roch et Luc. 60
La Protégée sans le savoir. 60
Une Fille Terrible. 60
La Planète à Paris. 60
L'Homme qui se cherche. 60
Maître Jean. 60
Ne touchez pas à la Reine. 1 »
Une année à Paris. 60
Irène ou le Magnétisme. 60
Amour et Biberon. 60
En Carnaval. 50
Bal et Bastringue. 50
Un Bouillon d'onze heures. 50
Cœur de Biberack. 60
D'Aranda. 60
Une Femme qui se jette par la fenêtre. 60
Avocat Pédicure. 60
Trois Paysans. 60
Chasse aux Jobards. 50
Mademoiselle Grabutot. 60
Père d'occasion. 60
Croquignole. 50
Henriette et Charlot. 60
Le chevalier de Saint-Remy. 60
Malheureux comme un Nègre. 50
Un Vœu de jeune Fille. 50
Secours contre l'Incendie. 60
Chapeau Gris. 60
Sans Dot. 60
La Syrène du Luxembourg. 60

Homme Sanguin. 50
La Fille obéissante. 50
Tantale. 50
Deux Loups de Mer. 50
O'néa. 60
La Croisée de Berthe. 50
La Filleule à Nicot. 50
Les Charpentiers. 60
Mademoiselle Faribole. 60
Un Cheveu Blond. 50
Les Impressions de Ménage. 50
L'Homme aux 160 Millions. 60
Pierrot Posthume. 50
La Déesse. 60
Une Existence décolorée. 50
Elle... ou la Mort! 50
Didier l'honnête Homme. 60
L'Enfant de quelqu'un. 60
Les Chroniques bretonnes. 50
Haydée ou le Secret. 1 »
L'Art de ne pas donner d'Etrennes. 50
Le Puff. 1 »
La Tireuse de Cartes. 50
La Nuit de Noël. 1 »
Christophe le Cordier. 50
La Rose de Provins. 50
Les Barricades de 1848. 50
34 Francs! ou sinon!... 50
La Fille du Matelot. 60
Les deux Pommades. 50
La Femme blasée. 50
Les Filles de la Liberté. 50
Hercule Belhomme. 60
Don Quichotte. 50
L'Académicien de Pontoise. 60
Ah! Enfin! 60
La Marquise d'Aubray. 60
Le Gentilhomme campagnard. 60
Les Peureux. 50
Le Chevalier de Beauvoisin. 60
Le Gentilhomme de 1847. 60
La Rue Quincampoix. 60
L'Ange de ma Tante. 50
La République de Platon. 50
Le Club des Maris. 60
Oscar XXVIII. 60
Une Chaîne Anglaise. 60
Un Petit de la Mobile. 60
Histoire de rire. 50
Les vingt sous de Périnette. 50
Le Serpent de la Paroisse. 50
Agénor le Dangereux. 50
Roger Bontemps. 60
L'Été de la Saint-Martin. 50
Jeanne la Folle. 1 »
Les suites d'un Feu d'Artifice. 50
O Amitié!..... ou les trois Epoques. 60
La Propriété, c'est le Vol. 60
La Poule aux OEufs d'Or. 60
Elevés ensemble. 50
L'Hôtellerie de Genève. 60
A bas la Famille ou les Banquets. 50
Daniel. 1 »
Le Voyage de Nannette. 50
Titine à la Cour. 60
Le baron de Castel-Sarrazin. 50
Madame Marneffe. 60
Un Gendre aux Epinards. 60
Madame veuve Larifla. 60
La Reine d'Yvetot. 50
Les Manchettes d'un Vilain. 60
Le Duel aux Mauviettes. 50
Les Filles du Docteur. 60
Un Turc pris dans une porte. 50
Les Grenouilles qui demandent un Roi. 50
Ce qui manque aux Grisettes. 60
La Poésie des Amours et... 60
Les Viveurs de la Maison-d'Or. 60
Un Troupier dans les Confitures. 60
Ma Tabatière. 60
Gracioso. 60
E. H. 60
Trompe-la-Balle. 50
Un Vendredi. 60
Le Gibier du Roi. 50
Breda-Street. 60
Adrienne Lecouvreur. 1 »
Sans le Vouloir. 50
Les Femmes saucialistes. 60
Le Mobilier de Bambuche. 50
Les Beautés de la Cour. 60
La Famille. 60
L'hurluberlu. 50
Un Cheveu pour deux têtes. 60

L'Ane à Baptiste. 60
Les Prodigalités de Bernerette. 50
Les Bourgeois des Métiers. 60
La Graine de Mousquetaires. 60
Les Faubourgs de Paris. 60
La Montagne qui accouche. 50
Le Juif-Errant. 60
Adrienne de Carotteville. 50
Un Socialiste en Province. 50
Le Marin de la Garde. 50
Une Femme qui a une Jambe de bois. 50
Mauricette. 60
Une Semaine à Londres. 60
Le Cauchemar de son propriétaire. 50
Le Marquis de Carabas. 60
La Ligue des Amants. 60
Les Sept Billets. 60
Passe-temps de Duchesse. 60
Les Cascades de Saint-Cloud. 60
Lorettes et Aristos. 60
Les Compatriotes. 50
Un Tigre du Bengal. 60
Le Congrès de la Paix. 50
Les Représentants en vacances. 60
Les Grands Ecoliers en vacances. 60
Un Intérieur comme il y en a tant! 50
Le Moulin Joli. 50
La Rue de l'Homme armé. 60
La Fée aux Roses. 1 »
Babet. 60
Un Lièvre en sevrage. 60
Evelyne. 50
Trumeau 50
Mademoiselle Carillon. 50
L'Héritier du Czar. 60
Rhum. 60
Les Associés. 50
Les Fredaines de Troussard 50
Les Partageux. 50
Daphnis et Chloé. 60
Malbranchu 60
La fin d'une République. 60
La Croix de Saint-Jacques. 60
Paris sans Impôts. 60
Un Quinze-Vingt. 50
Les Gardes Françaises. 50
Les Vignes du Seigneur. 50
La Perle des Servantes. 60
Un Ami malheureux. 60
Un de perdu, une de retrouvée. 50
La République des Lettres. 50
Figaro en prison. 50
La Dame de Trèfle. 60
Le Ver luisant. 60
Les Secrets du Diable. 60
Deux vieux Papillons. 60
La Mariée de Poissy. 50
L'Homme aux Souris. 50
Le Baiser de l'Etrier. 50
Planète et Satellites. 60
Héloïse et Abailard. 60
Une Veuve inconsolable. 60
A la Bastille. 60
Jean Bart. 60
Les Pupilles de dame Charlotte. 50
Le Jour de Charité. 50
Un Fantôme. 50
Les Nains du Roi. 50
Les trois Racan. 50
Les Sociétés secrètes. 60
Le Chevalier de Servigny. 50
C'en était un. 60
Les trois Doudou. 50
Giralda. 1 »
La première chanson de Gallet. 50
Méphistophélès. 60
L'Alchimiste. 50
Le père Nourricier. 60
Grassot embêté par Ravel. 60
La Société du Doigt dans l'OEil. 50
L'Hôtesse de Saint-Eloy. 60
La Fille bien gardée. 60
Le Jour et la Nuit. 60
Plaisir et Charité. 60
Marié au second Garçon au cinquième. 60
Un Bal en robe de chambre. 50
Né Coiffé. 50
Le Ménage de Rigolette. 50
Le Pont Cassé 60
Un Valet sans Livrée. 50
Le Paysan. 60
Charles le Téméraire. 50
L'Anneau de Salomon. 50

SUITE DU CATALOGUE.

Supplice de Tantale.	60
Les Infidélités Conjugales.	50
Les Petits Moyens.	60
Les Escargots sympathiques.	50
La Grenouille du Régiment.	50
Les Tentations d'Antoinette.	60
La baronne Bergamotte..	60
Les Extases de M. Hochenez.	60
Le Journal pour rire.	60
Le Renard et les Raisins.	50
La Belle au Bois dormant.	60
La Course aux Pommes d'Or.	50
Christian et Marguerite.	60
L'Avocat Loubet.	60
Royal-Tambour.	50
Mam'zelle fait ses dents.	60
Le vol à la Boulade.	60
La Fée Cocotte.	60
Mon ami Babolin.	60
Le Palais de Cristal.	60
Passiflor et Cactus.	50
Le Duel au Baiser.	60
Les Trois Ages des Variétés.	60
English Exhibition.	60

LAGNY. — Imprimerie de VIALAT et Cie

www.ingramcontent.com/pod-product-compliance
Ingram Content Group UK Ltd.
Pitfield, Milton Keynes, MK11 3LW, UK
UKHW012131240726
13965UKWH00005B/2103